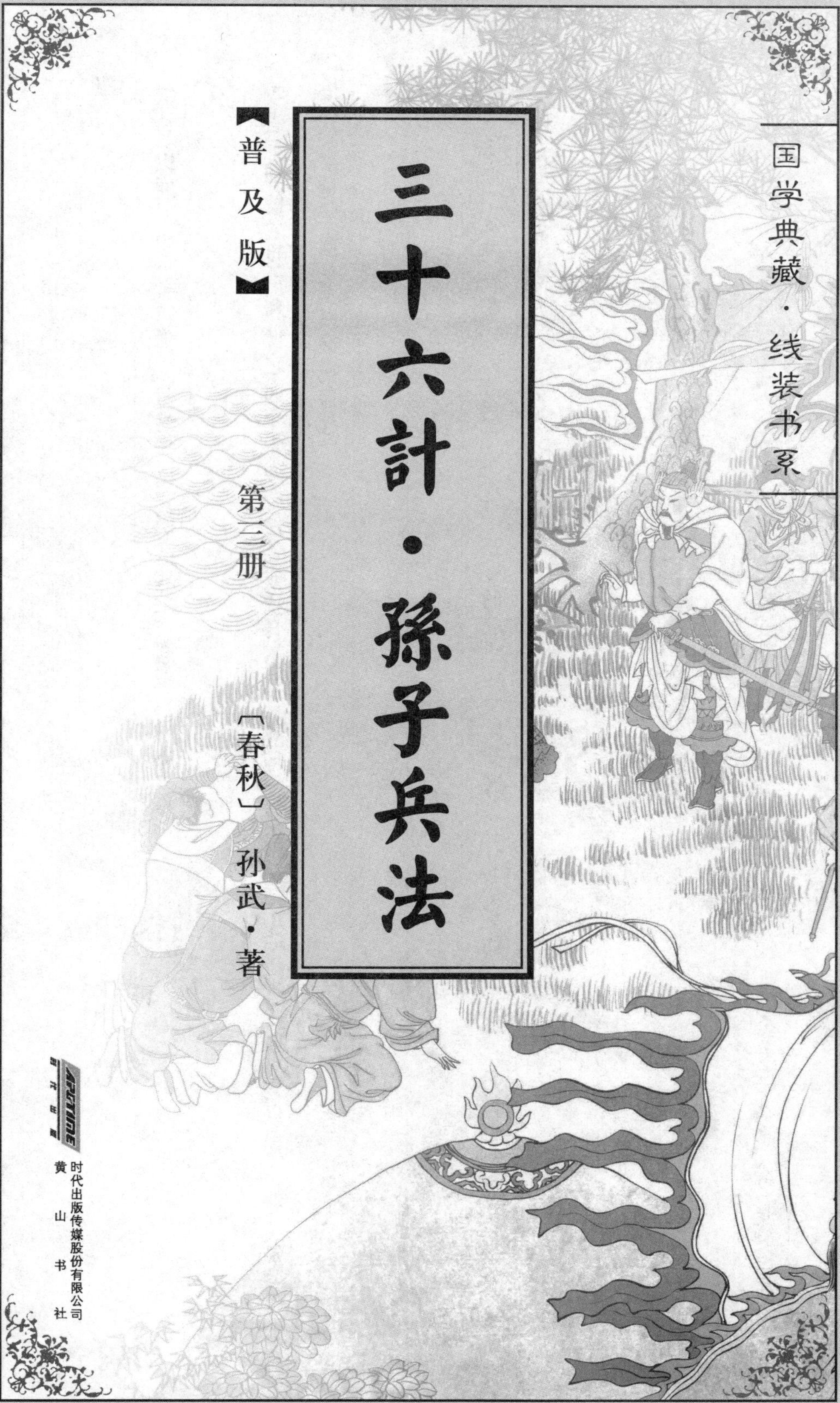

国学典藏·线装书系

三十六計·孫子兵法

普及版

第三册

〔春秋〕孙武·著

时代出版传媒股份有限公司
黄山书社

第二十八计　上屋抽梯

原文

假[①]之以便，唆[②]之使前，断其援应，陷之死地。遇毒，位不当也[③]。

按语

唆者，利使之也。利使之而不先为之便，或犹且不行。故抽梯之局，须先置梯，或示之以梯。如：慕容垂[④]、姚苌[⑤]诸人怂秦苻坚侵晋，以乘机自起。

注释

①假：借给。②唆：唆使。③遇毒，位不当也：《易经·噬嗑卦》：『六三：噬腊肉，遇毒；小吝，无咎。』『象曰：遇毒，位不当也。』意思是：吃了坚硬的肉干，受到伤害，只是小损伤，没有大的妨碍，这是贪图口福所造成的恶果。比喻贪图不应该有的利益，而招致祸害。④慕容垂：鲜卑族，十六国时，原为前燕吴王，后投奔前秦苻坚，淝水之战后，趁机独立建国后燕。⑤姚苌：五胡十六国时后秦之建立者。原为羌族首领姚弋仲之子，后投奔前秦苻坚，淝水之战后，率羌人独立，称万年秦王，建立后秦国。

译文

借给敌人以方便条件，唆使他不断前进，然后切断他的接应和后援部队，使他完全处于死地。这是利用敌人贪心

占利的欲望，使他受到惩罚。

（按语）所谓唆使，就是用利去引诱他。如果只用利引诱，而不为他提供方便，或许他还会不动。因此，使用上屋抽梯之计的，必须先安置好梯子，或者让他注意到梯子。比如南北朝时，鲜卑族首领慕容垂、羌人首领姚苌等人怂恿前秦国主苻坚入侵东晋，以便自己乘机独立。

经典事例

先击弱敌逐个破

公元前770年，周幽王被犬戎所杀，其子宜臼继位，称平王，建都洛阳。平王继位时因得到郑国的大力支持，所以郑武公、庄公相做作了周室的公卿重臣。平王去世，桓王继位后，觉得郑庄公权大欺君，于是解除了他的职务，委政于虢公林父。这引起了郑庄公的不满，一气之下，数年不向周室朝贡。桓王不见郑庄公前来朝贡，更是怒气难消，决定亲自带兵讨伐。于是周王室与郑国之间便发生了历史上有名的繻葛之战。

公元前707年秋，周桓王召集陈、蔡、卫三诸侯国，出兵伐郑，令虢公林父统领蔡、卫两国的人马为右军；周公黑肩率领陈国的部队为左军；桓王亲统中军。三路人马浩浩荡荡直奔郑国而去，一路上旌旗飘飘，战车辚辚，尘埃滚滚，人喊马嘶，一派杀气腾腾的气氛。

郑庄公听说桓王亲自领兵前来征伐，立即召集群臣，商量对策。大夫子元胸有成竹地说：『周王的三军，是以

中军在前，两翼在后的品字形老阵法。我们这次作战，改换一下这种传统的阵法：用中军在后，两翼在前，成倒品字形，夹击王师，必能取胜。』子元说到这里，见郑庄公和众大臣们面面相觑，不解其意，忙又说：『这次作战，必须先从弱处下手。陈侯鲍去世不久，陈侯佗为了取得侯位，谋杀了兄长免，国人不服，局势不稳，现在又是被迫出兵，必然士无斗志。只要我右翼勇猛冲杀，陈兵一定溃败。其左翼败退必然会影响中军。中军一乱，其右翼蔡、卫的军队就很难支持，只能一跑了之。这样两翼既退，我则集中兵力围攻中军，如此岂有不胜之理？』众人一听，齐声称赞。（子元提出的这个阵法，因为左右两个方阵在前像撒开的鱼网一样，所以又称为鱼丽阵。丽字就是罹的假借字，陷入其中的意思。）郑庄公欣然采纳了子元的建议，遂令曼伯率领一路人马为右翼方阵，祭仲足领兵一部为左翼方阵，庄公自领中军，原繁、高渠弥、祝聃等人在中军听候调遣。

王师入境时，郑国的军队已经作好了一切准备。庄公遂令三军出师迎战。两军相向而进，很快便在郑国的繻葛（今河南长葛北）相遇。两军布阵完毕，桓公到阵前观察敌情，正要下达冲阵号令时，见郑国中军阵内两杆大旗不停地摆动。随着大旗的挥舞，郑军两翼方阵，顿时擂鼓呐喊冲将过来。曼伯率领方阵，战车在前，步卒在后，队伍整齐，人马雄健，伴着震耳欲聋的鼓声，向陈军冲去。陈国军队本无斗志，一见郑军凶猛地冲来，立即四散奔逃。虢公林父统帅的蔡、卫两国军队，受到祭仲足所领方阵的冲击，也纷纷向后退却。桓王见两翼溃败，着急万分，正想指挥中军出阵抵挡，哪知郑军中军和两翼部队一齐向他猛冲过来。王师中军在郑军三路夹击下，难以支持，很快就乱了阵

脚。郑将祝聃冲入敌阵，见桓王立于车上督战，随即弯弓搭箭，只听『嗖』的一声，正中桓王的肩膀。幸而桓王还有点临危不惧的气概，他忍着疼痛，毫不惊慌，亲自殿后指挥应战，才使中军稳住阵脚，徐徐向后撤退。祝聃求功心切，见桓王中箭向后撤退，便要率领战车向前追去。郑庄公连忙制止说：『正人君子从来都很知足。我们与王师作战，本来是为了自救，现在桓王既已引军败退，怎敢过分相逼？能保住社稷安然无损，也就足够了。』遂下令收兵。

繻葛之战，是一次典型的从弱处下手，各个击破的上屋抽梯的战例，其体现的战术原则，在中国军事史上有重要意义。

崔杼设计斩庄公

春秋时代，齐庄公勾引上了于自己有功的崔杼之妻，崔杼得知，怒不可遏，但齐庄公乃一国之君，大张旗鼓地兴师问罪，反而会于自己不利。于是崔杼暗地里策划谋害庄公。庄公身边有一个叫贾举的宦官，因为一点小事被庄公鞭打过，贾举怀恨在心，也在伺机报复。崔杼得知，将其收买，让他做内线为自己通风报信。不久，莒国公来齐国朝见，庄公特地设宴款待，崔杼故意装病不去接待，与老婆一起留在家里（给庄公留下上屋之梯）。庄公以为这又是一个与崔妻幽会的机会，于是以探病为名，又一次去崔府。贾举将庄公的意图偷偷告诉了崔杼，崔杼让手下人埋伏起来。庄公来到崔府门前，贾举拦住了庄公的侍从，让他一人进去，并把门给关上。庄公一进门，崔杼的手下人一涌而上，将其抓获。庄公请求放了自己，崔不同意，庄公请求好好商量，崔也不答应。庄公知道性命难保，于是又请求让

自己到太庙里去自杀，崔更是拒绝（抽梯）。庄公突然跳墙逃走，被人射中，坠下墙来，崔杼手下人一涌而上，将庄公杀死。

上屋抽梯突制人

春秋初年，郑武公去世后，太子寤生即位，他就是郑庄公。郑庄公心里明白，自己虽然当了国君，但政敌们决不会就此善罢甘休，自己还得拼力争斗。不过，用什么方式与政敌斗争才好呢？他颇犯踌躇，因为那政敌不是别人，却是他的亲生母和胞弟！郑庄公出生时，因脚在先，头在后，让母亲武姜几乎难产送命，所以武姜十分讨厌他，而偏爱他的胞弟公叔段。兄弟俩长大之后，武姜曾几次请求立公叔段为太子，但武公碍于传统习惯，没有答应。对于这事，武姜和公叔段一直心怀不满，所以武公一死，他们便加紧了夺权步骤。

首先，由武姜出面，以母亲的身份为公叔段要求封地，要庄公把制邑封给公叔段。制邑是军事要塞，庄公没有答应，武姜又替公叔段要求封在易守难攻的京城，庄公只好答应了。

公叔段一到京城，就加高加宽城墙。郑国大臣们对此意见纷纷。祭仲对庄公说：『各等级都邑城墙的高度，先王都有规定。如今公叔段不按规定修城，您应及时阻止他，以免后果难以收拾。』庄公何尝不明白这个道理？但他心里另有打算，所以说：『我母亲希望这样，我又有什么办法呢？』

公叔段看哥哥没有对自己采取限制措施，便更加放肆起来，下令让西部、北部边陲守军听命于自己，并私自收取了周围的城邑来作为自己的封地。这种举措使郑国将士们愤愤不平。大将公子吕对庄公说：『应及早下手制止他，否则军队慢慢就会被他掌握了！』郑庄公还是不紧不慢地说：『用不着。不仁不义的事做多了，就会自取灭亡。』

公叔段看到哥哥还没有反应，更加肆无忌惮起来，聚集粮草，修治武器，扩充步兵和车卒，准备攻打庄公的国都，并约好了母亲作为内应。这下子举国上下的百姓都义愤填膺。庄公高兴地说：『时机到了！』派人探听到公叔段起兵的日期，先发制人，提前派公子吕率领二百辆战车向京城压过去。京城军民纷纷倒戈，公叔段跑到鄢地。庄公猛追穷寇，又打到鄢地，公叔段只好逃亡到共国去，庄公返回头来又对付母亲武姜，把她软禁在城池，并发誓永远不再拜见她。

对弟弟的夺权野心和母亲的所作所为，郑庄公是了然于胸的。但他并不怜骨肉之情妥善调解，而是采用『引其发展，陷其不义，突发制人』的阴谋手段，先放纵对方，任其胡为，争取到臣心、军心、民心后再置对方于死地。

第二十九计　树上开花

原文

借局①布势，力小势大。鸿渐于陆，其羽可用为仪②也。

按语

此树本无花，而树则可以有花。剪彩粘之，不细察者不易觉。使花与树交相辉映③，而成玲珑④全局也。此盖布精兵于友军之阵，完其势以威敌也。

注释

①局：即阵，阵局，指战争中兵力的部署和阵地构成。②鸿渐于陆，其羽可用为仪：出自《易经·渐卦》，其意思是：鸿雁飞起来逐渐落到山上，它落下的羽毛可以作为漂亮的装饰品。仪：威仪，装饰。③辉映：映照，对比。④玲珑：精巧细致。

译文

借助别人的阵局摆布成阵势，兵力虽然弱小阵容却显得强大。正如鸿雁飞上高山，落下的羽毛，却可以用来当做漂亮的装饰一样，增色不少。

（按语）这棵树本来不开花，但是树却可以有花。若把彩色绸绢剪成花朵粘在树上，不仔细察看不容易发觉。让

美丽的花朵和树枝互相映照，从而造成精巧细致的完整局面。这就是把精锐部队布置到友军的阵地上，形成声势壮大的阵势以慑服敌人的计策。

经典事例

张仪设计骗楚王

战国时期，齐、楚、燕、韩、赵、魏、秦七雄并立，其中西部的秦国、东部的齐国和南部的楚国力量最强。张仪和他的师兄苏秦凭着三寸不烂之舌，游走于各国之间，合纵连横。大约在公元前313年前后，楚国与齐国结成联盟，共同对付秦国。

秦王想去伐齐，又怕楚国起兵帮助齐国，便想拆散他们的盟约。秦王把相国张仪召来问计，张仪回答说：『凭着我的三寸不烂之舌，南游楚国，伺机向楚王进言，必定能使楚国与齐国断绝关系，而转而与秦国友好。』秦王听后很高兴，说：『就按你的意见办吧。』

张仪拜辞秦王，来到楚国。楚王见张仪这个大名人来了，便命令把上等宾馆整理好，让张仪居住。楚王问张仪：『你到敝国来，有何见教呢？』张仪说：『我这次来楚国，是想让秦、楚建立起友好关系。』楚王说：『我何尝不愿与秦结盟呢！但是秦国屡次出兵攻伐楚国，所以我也就不想和秦国结盟了。』张仪说：『现在虽然有七国，但大国只有楚、齐与秦三家。秦与齐结盟，则齐国势力大增；秦与楚结盟，则楚国势力大增。不过秦国的心意，是想和楚国结

盟。这是为何呢？因为齐与秦是婚姻之国，却多次负秦。而大王您却与齐交好，触犯了秦王的忌恨。现在大王如果能闭关与齐国断绝关系，秦王愿意把当年商鞅从楚国攻取的商之地六百里归还大王，还愿意把秦女嫁与大王为妾，这样秦、楚世为婚姻兄弟，共同抵御诸侯的侵犯。』楚王听了这话，很是高兴，说：『秦国肯把旧地还给我，我怎么还会偏爱齐国呢！』当下答应下来。楚国的大臣们都认为楚国将要收回失去的故土了，纷纷向楚王称贺，只有客卿陈轸表示反对。楚王大怒说：『我不发一兵一卒就能得到六百里地，群臣都祝贺，你为什么反对呢？』陈轸说：『不然，以臣看来，商于之地得不到，齐、秦将要结盟了，齐、秦结盟，楚国的祸事来了。』楚王问：『你这么说有何根据？』陈轸分析说：『秦国所以看重楚国，是因为楚有齐国这个盟友。现在如果与齐断交，则楚国就陷入孤立无援的境地了。秦国还有什么可重视楚国的，而会割让商于之地六百里？张仪回到秦国，必定食言，辜负大王。』楚王听了很不高兴，问：『你说怎么办？』陈轸说：『最好的办法，是表面上和齐国断交而暗中依然交好，派一名使节跟张仪去秦国。如秦国给地，那时再与齐断交也不晚；如不给地，仍与齐交好，共同对付秦。』楚王说：『希望你闭上嘴不要再多说，就等着看我得到土地吧！』

于是，楚王下令北关守将不要让齐国使节进入楚国，派将军逢侯丑随张仪到秦国接受土地。一路上，张仪与逢侯丑饮酒谈心，欢若兄弟。快到咸阳时，张仪假装醉酒，失足从车上跌下来。左右侍从忙将他扶起，他说：『我的脚伤了，需要立刻医治。』便先乘车入城去了。向秦王汇报过，便躲在家里伪称养伤，一连三月不上朝。逢侯丑求见秦王，秦王不见，去见张仪，张仪推说伤未愈合，也不见。他只得上书秦王，把张仪许地之言说了一遍。秦王复书说：『张仪如果有约，我一定会履行。不过听说楚与齐尚未决绝，我怕被楚国欺骗了。还是等张仪病愈入朝，弄清楚再说吧。』逢侯丑把秦王之言报告楚王，楚王说：『大概秦国认为我没有彻底和齐国断绝关系吧？』于是派勇士到宋国，借宋之符，直到齐国边界，把齐王百般辱骂一番。齐王大怒，立即派人到秦请求交好。张仪听说齐国的使臣到，知道计谋已成，便称病愈入朝。在朝门遇到逢侯丑，张仪故作惊讶地说：『将军为何还没有受地返国，尚淹留我国？』逢侯丑说：『秦王只等你病愈面决，现在你病好了，就请进去向秦王禀报，早日划定地界，我也好回国复命。』张仪说：『此事何须请示秦王？我所说的，是我的俸邑六里，愿献给楚王。』逢侯丑说：『我受命于寡君，言商之地六百里，没听说只有六里。』张仪说：『楚王大概听错了吧？秦国的土地都是百战所得，岂肯以尺土让人，何况六百里土地呢！』逢侯丑回国一汇报，楚王大怒说：『张仪真是反复无常的小人，我一定要生吃他的肉才解恨！』于是起兵伐秦，结果被秦齐联盟杀得惨败，汉中之地六百里反被秦国夺去。

张仪是战国时代著名的纵横家，诡计多端。他辅助秦王，实行远交近攻的策略。为了牵制秦国，楚国与齐国结成联盟，使秦国不敢放手行动。面对这种情况，张仪决定设计诓骗楚王，让楚王自己断绝与齐国的盟友关系。张仪非常了解楚王的心理和秉性，掌握了楚王的两大特点：第一，楚王虽然与齐结成联盟，但又觉得齐国远离楚、秦二国，倘若真的发生战事，不免有远水救不了近火之虞，而楚国与秦国毗邻，时刻处在秦国的威胁之下，倘能建立友好关系，

则可缓解面前的危机；第二，楚王为人十分贪婪，又庸懦昏愦，缺乏主见，轻信人言。针对这两点，张仪投其所好，用『六百里地』在本来无花的树上做成一树假花，引得楚王跷足去摘。楚王的贪心给宿敌秦国带来莫大利益，秦国不费一兵一卒，仅凭着张仪的一张巧嘴，竟然拆散了齐楚联盟。使秦之仇敌、楚之盟友转变为楚之仇敌、秦之盟友，借局布势，强已弱人，真是树上开花之计的成功运用。

冯谖说秦助孟尝

齐王（王）被秦、楚的诋诽迷惑，认为孟尝君名望高过君主，而且在齐国专权，就废了孟尝君的职位（前298年）。

孟尝君的门客一听说孟尝君被废，都走了。

冯谖没走，告诉孟尝君说：『请借我一辆可以到秦国的车子，一定让你受国君重用，封地增加，你愿意吗？』

孟尝君于是准备车子、礼物，派他去秦国。

冯谖西入秦国，游说秦王（昭襄王）：『天下的游士，驱车入秦，没有不希望使秦国强大而削弱齐国的；而驱车入齐的，没有不希望使齐国强大而削弱秦国。这是因为秦、齐势不两立，想一决雌雄，能称雄就能掌握天下了。』

秦王听了，单膝落地拜问说：『如何能让秦国称雄呢？』

冯谖说：『大王知道齐国废除孟尝君的职位吗？』

秦王说：『听说了。』

冯谖说：『使齐国在天下之间举足轻重，都是孟尝君的功劳。现在齐王听了他人诋诽的话，废了孟尝君的职位，孟尝君心中怀怨，一定会背弃齐国。如果他能制造秦国，那么齐国的人心自然倾向秦国，齐国领土就在掌握之中了，岂只是称雄而已？大王赶紧差使者筹办厚礼去迎聘孟尝君，千万不要错失良机。否则一旦齐国觉悟，再重用孟尝君，那谁能称雄天下，就难说了。』

秦王很高兴，就派了十辆车子，载着百镒黄金去迎聘孟尝君。

冯谖辞别秦王先回到齐国，游说齐王说：

『天下的游士，驱车东入齐国的，没有不希望使齐国强大而削弱秦国；而驱车西入秦国的，没有不希望使秦国的强大而削弱齐国。就因秦、齐旗鼓相当，势不两立，秦国一旦强大，齐国自然就弱了。现在我听说秦国差遣使者，派了十辆车，载了百镒的黄金，来迎聘孟尝君。孟尝君不到秦国就罢了，一旦到了秦国，当上宰相，那就天下归附，秦国自然就称雄于天下，齐国大城临淄、即墨就危险了。大王何不在秦国使者还未到的时候，恢复孟尝君的职位，再扩充他的领地，向他表示谢罪之意？孟尝君一定欣然接受，秦国即使强大，又怎能强请他国之人去当宰相呢？』

齐王说：『好！』

于是召见孟尝君，恢复他宰相的职位，赐予旧有的封地，另外又扩充了一千户。这时，秦国使者恰好到了齐国，

一听说这件事，只好回去了。

骊姬设计害太子

晋武公晚年求娶于齐，齐桓公以宗女嫁之，是为齐姜。此时晋武公已很衰老，齐姜年少而美，世子佹诸与齐姜发生私情，生下一子，暗中寄养于申氏，故取名申生。公元前677年，武公死，佹诸继位，是为献公，立齐姜为夫人、申生为世子，任命里克为世子之傅。公元前662年，晋国出兵攻打骊戎，骊戎主求和，将两个女儿献给献公，长曰骊姬，次曰少姬。骊姬相貌美丽，又工于心计，不久就得到献公宠爱，逾年生下一子，取名奚齐，又逾年少姬也生下一子，取名卓子。献公越来越宠爱骊姬，竟立骊姬为夫人，封少姬为次妃。献公打算改立奚齐为世子，与骊姬一说，骊姬心中早就想这样，但又不露声色。她思谋再三，觉得无故变更世子，君臣必然不服，出面谏阻，而且献公的庶子重耳、夷吾与申生关系很好，此事若办不成，引起他们的提防，反而坏了事。想到此处，她便对献公说：『申生立为世子，各诸侯国都知道，而且申生贤而无罪，不可废黜。您如果因为我们母子的缘故废掉申生，我宁可自杀也不答应。』献公以为她说的是真心话，也就把这件事搁下不提。献公有一个很宠幸的优人，名叫施，常出入于宫禁，骊姬便与他私通，与他商议废立之事。优施出主意说：『应该以封疆为名，让申生和重耳、夷吾到外地出镇，然后从中行事。但此事须由外臣口中说出，才见出是忠谋。现在主上宠信的大夫有两人，一个叫梁五，一个叫东关五，别人合称他们为「二五」。夫人如果肯出重金贿赂二五，让他们相机进言，事情必成。』骊姬闻言大喜，拿出许多金帛，让优

施去办这件事，二五巴不得结交君上的宠姬，双方一拍即合。晋献公不辨忠奸，果然派世子申生出镇曲沃，重耳出镇蒲，夷吾出镇屈邑。这样，晋献公身边只有奚齐和卓子这两个儿子，宠爱之情不由地与日俱增，骊姬更使出浑身解数献媚取宠，二五也不时在献公面前夸赞奚齐。

但是，申生为人忠正小心，又屡次带兵出征，立下战功，一时竟无加以陷害的借口，骊姬非常焦急，又与优施商议。优施说：『君上虽然对世子日益疏远，但知子莫若父，他了解世子的为人，若诬告世子谋逆，他必然不相信。夫人只有经常在君上面前哭诉，表面上赞扬世子，话里暗含诬谤，才能见效。』骊姬是很聪明的女人，一听此言，心里也就有了主意。夜半时分，她伏枕而泣，晋献公慌忙讯问原因，她只是抽泣，再三推托，不肯明说。晋献公逼着她讲，她才收泪说道：『我就是说出来，您肯定也不相信。我所以哭泣，是怕不能长久侍奉在您身边啊！』晋献公说：『你为什么说出这种不祥之言？』骊姬回答说：『我听说世子为人外仁而内忍，他在曲沃，极力给人民实惠，人民都愿意为他效死力。他这样做，是有目的的。他经常对人说君上您为我所迷惑，国必乱，这话举朝皆知，就是君上您不知道啊。他莫非是想用清君侧的名义，祸及君上，您何不杀了我以谢世子，阻止他的阴谋。不要因为我让百姓受苦啊！』献公听了，果然有些不信，说：『申生对庶民都很仁惠，难道对父亲反倒不仁吗？』骊姬说：『您说得有道理。不过我听说，地位高的人与庶民对仁的理解是不同的，庶民以亲爱为仁，地位高的人以利国为仁。只要对国家有利，还有什么亲情可讲呢！』献公又说：『申生很重视声誉，他难道就不怕留下恶名吗？』骊姬说：『过去周幽王不杀宜臼，把他流放到申，申侯联合犬戎杀幽王于骊山之下，立宜臼为君，是为周平王，成为东周的始祖，至今代代相传。有此事件，幽王之恶益彰，谁还把不好的名声加到平王头上呢！』

听了骊姬的话，晋献公悚然而惊，披衣起坐，越想越觉得骊姬说得有理。骊姬见晋献公已被自己的话说动，便进一步火上浇油说：『您为何不自称年老，把国家交给申生呢？他得到国家，满足了欲望，或许会放您一条生路。』掌握权力的人很少有甘心情愿地交出权力者，哪怕是交给自己的儿子，更何况晋献公已对申生起了疑心。他听了骊姬的建议，断然拒绝让位，下了惩治申生的决心，可又找不到借口。骊姬见时机成熟，献计说：『赤狄皋落氏屡次侵犯我国，您为什么不让申生带兵讨伐，看看申生是否真得能收拾人心。如果他打了败仗，处治他就有借口了。如果他打了胜仗，说明他的确已是人心所归，他自恃有功，必有异谋，那时再惩罚他，国人必然心服口服。』晋献公觉得这个主意很高明，果然传令让申生率领曲沃的士兵去讨伐皋落氏。大臣里克进谏说：『太子是国家的储君，所以国君出行便让太子监国。太子应该朝夕在国君身边，派去远方已不适宜，哪能让他统兵出征呢？』晋献公说：『申生已多次带过兵打过仗了。』里克说：『过去太子带兵，都是跟随您出征，现在让他单独领兵，不可。』听到这里，晋献公仰天而叹，说：『我有九个儿子，哪个是太子，还未定呢。』一听这话，里克立即明白了晋献公对申生的态度，默然而退，告诉大臣狐突。狐突听了，知申生地位危险，急忙派人给申生送信，劝他不要出战，应该逃走。申生是个忠孝之人，虽然明白了父亲让他带兵出征是想试探他的心，还是不愿违抗君父之命，说：『违抗君命，我的罪过就大了。如果在

战斗中我有幸战死，还可以落下个好名声。』于是率军出去，打败了皋落氏，和晋献公报捷。骊姬说：『看来世子果然是人心归附了，怎么办呢？』晋献公说：『他的罪过还未显露，再等待一阵子。』狐突预料国家将出乱子，便假装患了重病，闭门不出。恰在这时，虢国屡次进犯晋国南境，边关告急，晋献公准备派兵伐虢，骊姬又趁机说：『何不再让申生出征，他威名素著，士卒愿意替他效力，一定会成功。』晋献公因相信了骊姬先前说的话，怕申生战胜虢国之后，威名更盛，更难以驾驭，踌躇不决，询问大夫荀息的意见，荀息认为虢国与虞国同姓比邻，必相互救援，出兵讨虢不一定会获胜，不好抓住虢公好色的毛病，赠以美女，让他不理政务，再贿赂犬戎侵扰虢国边境。晋献公依言而行，果然大见成效，在虢国内外交困之时，又按照荀息提出的先假虞灭虢然后再灭虞的计策，派里克为上将，荀息为次将，灭了二国。

骊姬本想怂恿晋献公派申生伐虢，不想由里克代行，又兵到功成。骊姬认为里克是申生一派的人，很觉忧虑，对优施说：『里克功高位重，我无以敌之，怎么办？』优施说：『荀息的功劳和智慧都不在里克之下，如果请求君上派荀息为奚齐和卓子之傅，抵挡里克足足有余了。』骊姬跟晋献公一说，献公也就答应了。将荀息拉到自己一边后，骊姬总觉得里克在朝，对实现自己的阴谋终归是个阻碍，想收服他，或至少让他保持中立，优施又献计说：『里克为人外强而中多顾虑，如果晓以利害，他很可能首尾两端，然后可慢慢收归我用。里克喜欢饮酒，夫人如果能设宴，由我出面陪里克饮酒，我用言语试探他，他听得进去，是夫人的福分，他听不进去，就算我这个优人与他开了个玩笑，也不会出什么事。』于是骊姬为优施准备好酒食，优施与里克约好，携酒至其家。酒至半酣，优施为里克唱歌道：『暇豫之吾吾兮，不如乌乌。众皆集于菀兮，尔独于枯。菀何荣且茂兮，枯招斧柯。斧柯行及兮，奈尔枯何！』里克问：『什么是菀，什么是枯？』优施说：『拿人做个比方，母亲身为夫人，儿子将成为国君，根深叶茂，众鸟依托，这就是菀；如果母亲已死，儿子又得谤，祸言将及，本摇叶落，鸟无所栖，这就是枯。』说罢，优施就告辞而去。里克知优施出入宫禁，深受国君和夫人宠爱，越想越觉得他的话暗藏玄机，不待天明，就到优施家询问究竟，优施把里克让入内室，对他说：『我早就想告诉你，可你是世子之傅，所以才未敢对你直言，恐怕你怪罪。』里克说：『能使我预先思虑免祸之策，这是你对我的爱护，我怎么会怪罪呢！』优施遂附耳低语说：『君上已答应夫人，将杀掉世子，改立奚齐。内有夫人主持，外有中大夫协助，事情必成。』里克一听，心生恐惧，叹息说：『支持君上杀掉世子，我不忍心，辅助世子对抗君上，我又才力不及，我就中立旁观吧。』于是假装坠车伤足，不再上朝。

笼络住了荀息、里克这两名朝廷重臣，骊姬就不用担心改立世子会遭到外朝反对了，下一步的工作是促使晋献公下定杀世子之心。一天夜里，骊姬对献公说：『世子久居曲沃，你何不把他召回一见呢？不过，你要说是我思念他，这样我有德于他，将来或许能免杀身之祸。』献公依言召回申生，申生拜见骊姬时，骊姬设宴款待，次日申生入宫谢宴，骊姬又留饭。夜里，骊姬流着眼泪对献公说：『我想挽回太子的心，所以以礼待他，不想他更无礼了。』献公问：『他做什么了？』骊姬说：『我留他吃饭，酒半酣时，他调戏我说：「过去我祖父老的时候，把我母亲姜氏给了我父亲，现在我父亲老了，肯定要把你留给我。」说着就要拉我的手，我坚决拒绝，才避免受辱。您若不信，我可以与太子同游园囿，您躲在台上亲自观察。』献公答应了。第二天，骊姬先把蜜涂在头发上，然后招申生到园中同游。蜂蝶闻到蜜味，围着骊姬的发髻纷飞，骊姬说：『世子替我驱赶一下蜂蝶吧。』申生从后面用袖驱赶，献公望见，以为申生真有调戏之事，不由大怒，便想抓住申生处死，骊姬劝阻说：『我把世子召来，使他被杀，就等于是我杀了他。而且宫中暧昧事，不可传扬，先忍耐一下吧。』于是献公让申生回曲沃，暗中派人搜求申生的罪过。

几天后，献公到外地狩猎，骊姬抓住时机，派人告诉申生说：『我梦见你母亲齐姜诉苦，说没有饭吃，你赶快祭奠一下吧。』申生果然祭祀其母，派人向献公呈送胙肉，骊姬向酒肉中下了毒。过了几天，献公回宫，骊姬把申生致胙之事告诉他，献公拿起酒就想喝，骊姬拦住说：『从外面送进来的食物，都应该先试一下。』把酒洒在地上，地面鼓起，把肉丢给狗吃，狗立即就死了。骊姬还假装不信，召来一名小内侍，强迫他尝酒肉，七窍流血而死。直到这时，骊姬才佯装大惊失色，呼天抢地地说：『老天爷呀，国家本来就是太子的，君主已老，难道就不能等待几天吗，非要杀君不可！』说完，又跪在献公面前，痛哭流涕地说：『太子所以做这种事，全是因为我们母子的缘故，请您把这酒肉赐给我吧，我愿替你而死。』说着，拿着酒就要喝，献公急忙夺下，气得半天说不出话来。待缓过一口气来，献公怒气冲冲来到朝堂，召集诸大夫议事，狐突早就杜门不出，里克以足疾为辞，其他人毕集朝堂，献公把申生的『逆谋』告诉群臣，群臣面面相觑，不敢置对，只有东关五自请带兵讨伐太子，献公任命他为主将，以梁五为副，率

领二百乘兵车，开往曲沃。申生闻讯，自缢而死。申生死后，骊姬又想除掉重耳和夷吾，二人闻讯，逃往国外去了。于是献公立奚齐为世子，骊姬的愿望得以实现。

骊姬陷害申生、扶立奚齐，是一场惊心动魄的宫廷斗争，她运用了树上开花之计，获得成功。骊姬作为战败的骊戎送给晋献公的礼物，本无什么地位，但她凭着自己的美貌和才智，博得献公宠幸，生下奚齐，从此便有夺嫡之心。但她深知，申生立为世子，诸侯尽知，且申生为人仁孝，颇得人心，力量强大，自己一时尚不是他的对手。若想除掉申生，须从两方面下手：一是在献公身上下功夫，让他不但厌恶申生，还要相信申生是大恶之人，才能痛下杀手；二是在朝臣身上下功夫，剪除申生的羽翼，增强自己方面的力量。在这两方面，骊姬都运用了一连串计谋，无所不用其极。比如，为了让献公相信申生有调戏她之意，她竟想出以蜜涂发招引蜂蝶的主意，在本来无花的树上做出花来，而且做得逼真之至，让献公亲眼目睹，借献公自己的眼睛欺骗献公。其他计谋，莫不是因势利导，借局布势，壮大自己，削弱对方。就这样，骊姬步步为营，稳扎稳打，巧设机关，布置陷阱，最终把申生逼上绝境，让奚齐取而代之。

第三十计　反客为主①

乘隙插足，扼其主机。渐之进也②。

按语

为人驱使者为奴，为人尊处者为客；不能立足者为暂客，能立足者为久客；客久而不能主事者为贱客；能主事则可渐握机要，而为主矣。故反客为主之局，第一步须争客位，第二步须乘隙，第三步须插足，第四步须握机，第五步乃成为主。为主，则并人之军矣。此渐进之阴谋也。

如李渊书尊李密③，密卒以败。汉高祖势未敌项羽之先④，卑事项羽，使其见信，而渐以侵其势。至垓⑤下一役，一举亡之。

注释

①反客为主：客人反过来变成主人。指变被动地位为主动地位。②渐之进也：《易经·渐卦》：『彖曰：渐之进也，女妇吉也。』意思是说：渐渐地向前走，就像女子出嫁那样循序渐进，不要操之过急。③李渊，李密：原都是隋朝将官，后反叛起兵。起初李密依据瓦岗寨，声势浩大，李渊依据晋阳（今太原），便写信尊奉李密为主，趁机进据关中，后来势力强大，便灭了李密，建立了唐朝，即唐高祖。④汉高祖：即刘邦。与项羽皆为秦末农民起义军领袖。

项羽即西楚霸王。⑤垓下：地名，在今安徽省灵璧县东南。前202年，刘邦之部将韩信曾围攻项羽于此处，四面楚歌，项羽大败。

译文

一有漏洞就乘机把脚插进去，控制它的机关。此事应该循序渐进。

（按语）受人差遣的是奴隶，受人尊养的是客人；不能站稳脚跟的是暂时的客人，能站稳脚跟的是长久的客人；长久当客人而不能主管事情的，是卑贱的客人；能主管事情就可以逐渐控制主要部门抓住大权而变成主人了。所以反客为主这盘棋的布局，第一步要争取客人的身份，第二步要会钻空子，第三步要插脚进去，第四步要控制主要部门，第五步就变成主帅了。做了主帅，也就兼并了他人的军队。这是循序渐进的阴谋。

比如：隋朝李渊，写信推崇李密，后来便消灭了李密。汉高祖刘邦在兵力不能和项羽敌对时，恭敬谦卑地事奉项羽，取得项羽的信任，之后却慢慢削弱项羽的兵力。到垓下会战时，便一举消灭了项羽。

经典事例

田氏乘隙代齐政

陈完是陈国的公子，因陈国内乱，他怕大祸及身，便逃到齐国，改姓田氏。到他重孙田须无时，步入仕途，在齐国已有一定地位。田须无去世后，其子田无宇继续事齐庄公，很受宠爱，地位益重。在齐国的贵族中，田氏与高氏、

栾氏、鲍氏颇有四雄并立之势。其时高氏的家主是高强，栾氏的家主是栾施，鲍氏的家主是鲍国。高强之父高虿因驱逐高止，谮杀闾邱婴，引起国人不满，高强继其父为大夫，也把国人的怨愤承袭下来。高强年少嗜酒，栾施也贪恋杯中物，两人很合得来，与田无宇、鲍国也就来往较少，四族遂分成二党。高强和栾施两人聚饮，醉后常谈论田、鲍两家短长，两家闻知，渐生疑忌。一天，高强醉后鞭打一个仆人，栾施也帮着他打，仆人怀恨，连夜跑到田、鲍两家，说高强和栾施准备聚集家众突袭田、鲍二家，田无宇和鲍国急忙召集家众，分发盔甲武器。派人打探消息，回报说高强和栾施正在栾家痛饮，才知是仆人谎报情况。田无宇与鲍国商量说：仆人的话虽不可靠，可我们起兵的事他们必定知晓，产生怀疑。倘若他们先下手攻打我们，再后悔就来不及了。不如趁他们饮酒无备，前去袭击。』于是两家甲士杀往栾家，将栾府围住。栾施急忙点起家众迎战，从后门突围而出，高氏家众闻讯也赶来助战，双方都奔向王宫，相持不下，栾、高屯于宫门之右，田、鲍屯于宫门之左。齐景公闻变，紧闭宫门，命人召见晏婴，晏婴劝齐景公助田、鲍以攻栾、高，于是栾、高大败，逃奔鲁国去了。

田、鲍既胜，便将栾、高两家的财产对半分了。鲍国将家财据为己有，田无宇却别有打算，他将分得的土地财产造册登记，献给齐景公，齐景公大喜。他还给齐景公的母亲孟姬送了一份厚礼，孟姬对齐景公说：『田无宇诛除强宗势族，以振兴公室，胜归于上，他这种谦让的品德应该得到报偿。你何不把高唐之邑赏赐给他呢？』齐景公按照母亲的话做了，田氏开始富足起来。田无宇还想进一步做好人，便对齐景公说：『各位公子当年被高强之父高虿驱逐

出来，实在是无辜受罚，应该把他们召回来。』齐景公答应了，田无宇以齐景公的名义派人分头去迎接流亡在外的子由、子商、子周等公子。并用自己的私财为他们置办幄幕器用以及随从人员的衣履。诸公子能够回到祖国，已是欢喜不尽，又见器具应有尽有，非常完好，知是田无宇送给他们的，个个都感激不尽。田无宇索性一不做二不休，大出家财，凡公子公孙没有俸禄的，都以私禄分给之，又访求国中有贫穷寡者，私下送给他们粮食。田无宇去世后，其子田乞继承了他的这些做法，极力施惠于民，向外借贷时，以大斗出，收回时，却以小斗入，贫不能偿者，则把债券焚毁。晏婴看出了田氏的野心，屡次劝谏齐景公，让他宽刑薄敛，给人民以实惠，以挽留人心，但齐景公执迷不悟，不肯听从。于是，田氏逐步获得齐国人心，宗族越来越强盛，势力越来越大，人民心归田氏，愿为田氏赴汤蹈火。

齐景公病重，命左右相国夏和高张立宠姬芮子之子荼为太子，到他死后，国夏和高张立荼为王。田乞与齐景公的另一个儿子阳生友善，对立荼一事很不满。他表面上对高张和国夏表示尊敬亲近，上朝时常与他们并车而行，对他们说：『各位大夫都不想立荼为王。现在荼已立为王，您们辅助他，各位大夫人人自危，都想作乱。』又欺骗各位大夫说：『高张很有威胁性，不如先下手搞掉他。』诸大夫表示同意。于是，田乞联合鲍牧和各位大夫，率兵杀入王宫，经过激战，高张被杀，国夏逃奔去莒国，国王荼则逃奔鲁国去了，遂立阳生为王，是为齐悼公，由田乞为相专国政。

田乞死后，其子田常代立。鲍牧与齐悼公有嫌隙，杀掉悼公。悼公之子被立为王，是为齐简公，以田常和监止为左右相。田常一心想害监止，但监止很受简公宠爱，搞不掉他。于是田常重施其父故伎，大斗出，小斗入，收

买人心。当基础牢固后，田常便起兵杀害了监止，并杀简公，立简公之弟为王，是为平公，田常为相。田常杀了简公，怕其他诸侯国起兵讨伐，便把过去侵夺的鲁、卫二国之地归还二国，遣使与晋国韩、赵、魏三氏及吴、越交好，对内则论功行赏，亲抚百姓，于是齐国安定无事。他对齐平公说：『德施是人所喜欢的，由你来行；刑罚是人所厌恶的，由我来行。』如此五年，齐国的大权民心全部归于田常。田常势力既盛，起兵尽诛鲍氏、晏氏、监氏及公族之强盛者，把齐国自安平以东直至琅琊的土地都划为自己的封邑，封邑面积比齐平公拥有的土地要大得多。至此，齐国基本上已是田氏的了。其后，田常子田盘，田盘子田白，田白子田和世专齐政，田和最终取代齐康公，成为齐国的君主。

田氏自陈国逃到齐国，势单力孤。经过数代经营，竟能在几大强宗并立的情况下发展出自己的势力，且脱颖而出，实在是方法得当，正合『乘隙插足，扼其主机，渐之进也』之言。纵观田氏代齐的过程，最值得注意的有两点：一是极力收拢民心，把民众的支持从公室拉到自己这边来；二是利用齐国贵族之间错综复杂的矛盾，寻找同盟，抓住时机，把有可能成为自己对手的强宗大族一一消灭。在代齐这件事上，田氏并不操之过急，而是从巩固基础入手，稳扎稳打，步步为营，循序渐进，经过几代人的不懈努力，终使田氏大盛，在齐国一枝独秀，最后水到渠成，瓜熟蒂落，由魏文侯替田和向周天子进言，由周天子正式册封田和为齐侯，既代齐国之政，又无篡夺之名，田氏之心机可谓深矣。

陈平示贫逃祸难

汉代名将陈平，一天逃到黄河边上，登上一条渡船。待船开动后，见几个船夫均不像善良之辈，很后悔上了这么一条船。可此时船已开出，后悔也晚了。船夫见陈平长得一表人才，又孤身一个，并看出他不是一般的平民百姓，而像是逃亡的官吏。几个人一面小声嘀咕，一面不断地窥视陈平。陈平想：『他们肯定以为我带了金银财宝，要谋财害命，我独身一人，又从未练习过武功，怎敌得过这几个大汉？』在这紧要关头，陈平灵机一动，脱下了衣服，去帮他们摇船。几个船夫看到陈平一无所有，也就不再起邪心了。船一靠岸，陈平赶快穿上衣服，离开这条是非之船，投奔刘邦去了。

临难不避杀敌使

班超字仲升，是扶风平陵（今陕西咸阳市西）人，自小就很有志向。汉明帝时，奉车都尉窦固出击匈奴，让班超代理司马之职，另率一支部队进攻伊吾，大战于蒲类海，获得胜利。窦固看出班超是个有才干的人，便派遣他与从事郭恂一道出使西域。一行人到达鄯善国，鄯善王对他们恭敬备至。可是，过了不久，鄯善王忽然对他们疏远冷淡起来。班超便对随从人员说：『你们是否觉得鄯善王对我们冷淡了？这一定是匈奴的使者来了，鄯善王心中犹豫，不知依附哪一方好。聪明的人在事情尚未萌芽时就已有感觉，何况现在事情很明显了呢？』

原来，汉朝和匈奴是相互敌对的两大势力，双方经常发生战争，又都想把西域置于自己的控制之下，以孤立对方，打击对方。西域存在着许多绿洲国家，但每个国家都不大，人口少，力量也较弱，对汉朝匈奴，哪一方都得罪不起，只能采取模棱两可的策略，哪一方力量强，威胁大，就依附哪一方。所以班超一行到达后，国王热情招待，而当不久后匈奴使者也到达时，鄯善王便不敢表现出与汉朝使者亲近，以免得罪匈奴。

知彼知己，百战不殆。班超虽然猜测匈奴使者已到，但还是要核实一下，以免误生枝节。他把服侍自己的鄯善人召来，诈他说：『匈奴使者已到了好几天了，现在他们在哪里呢？』侍从突然被问，不知所措，只得把事情真相和盘托出，说：『他们已到了三天了，现在住在三十里以外的地方。』得知这一确切消息，班超立即将侍从禁闭起来，召集起自己所带来的三十六名随员，与大家共饮，酒酣，他激怒大家说：『你们和我现在都在万里异域，想建功立业。现在匈奴的使者才来了几天，鄯善王对我们就疏远冷淡了。如果匈奴人让鄯善王把我们逮捕送往匈奴，我们的骸骨恐为豺狼食矣！你们看怎么办？』众人都说：『现在我们都处在危亡之地，是生是死就看你的了。』班超说：『不入虎穴，焉得虎子？当今之计，只有趁夜用火攻击匈奴人，使他们不知我们人数多少，把他们全部消灭。消灭了匈奴人，鄯善人也就吓破了胆，我们的大功就告成了。』众人说：『这事应当与从事郭恂商量一下。』班超发怒说：『吉凶就决于今日。郭恂是文官，听到这个计谋必定害怕，倘泄露出去我们白白送死，还算什么壮士呢！』众人说：『那就按你的办吧。』

初夜时分，班超率领众人偷偷摸到匈奴人的住地。这时正好刮起大风，班超让十个人拿着鼓藏在匈奴人住所后，

对他们说：『看到火点燃了，就一起鸣鼓大呼。』其他人则手持兵刃弓箭埋伏在门两边。班超顺风放起火来，埋伏在前后的人一起呐喊，鼓声震天。匈奴人突遇变故，大乱，纷纷向外逃窜，使者及三十余名随从被杀死，其他随员一百余人都被烧死。

第二天，班超把鄯善王召来，拿出匈奴使者的人头给他看，鄯善一国震恐，被班超的威势镇住了。班超好言好语，百般抚慰，劝鄯善王与汉朝交好，鄯善王便把儿子送到汉朝做人质。其后，班超奉命继续在西域从事外交活动，西域五十余国都送质子到洛阳，与汉建立起友好关系。

班超率领三十余人到鄯善，依靠汉朝这一后盾，他们受到了热情招待。但当一百数十人的匈奴使团到达时，这一切都改变了。匈奴在军事上并不比汉朝弱，而使团的人数，又大大超过了汉朝，对鄯善是一个现实的威胁，鄯善王心怀疑惧，疏远汉使，是必然的。在孤立和敌对的环境里，班超这三十余人就显得过于单薄，力量太弱了。如不抓住时机，争取主动，让匈奴人知道了消息，抢先下手，不仅班超这三十余人要埋骨荒野，鄯善也会投入匈奴怀抱，给汉朝对匈奴的整体战略造成重大损失。在这危急存亡之时，班超审时度势，认为鄯善王不会主动开罪汉廷，用不着担心，关键是对付匈奴人，战胜匈奴人则汉得鄯善，被匈奴人击败则汉失鄯善。在敌强我弱、敌众我寡的局面下，班超有勇有谋，毅然定计，利用匈奴人不了解情况的有利条件，以夜色做掩护，放火鸣鼓，猝然出击，一举而获全胜，威镇鄯善，反客为主，为汉朝立下赫赫功勋。

第三十一计　美人计

原文

兵强者，攻其将；将智者，伐其情。将弱兵颓①，其势自萎②。利用御寇，顺相保也③。

按语

兵强将智，不可以敌，势必事之。事之以土地，以增其势，如六国之事秦④；策之最下者也。事之以币帛，以增其富，如宋之事辽金⑤，策之下者也。惟事之以美人，以佚⑥其志，以弱其体，以增其下之怨，如勾践⑦以西施重宝取悦吴王夫差，乃可转败为胜。

注释

①颓：委靡不振，衰败。②萎：萎缩。③利用御寇，顺相保也：见《易经·渐卦》：『象曰：利用御寇，顺相保也。』意思是：利用控制敌人，顺利地保护自己。④六国之事秦：六国，战国时齐、楚、燕、韩、赵、魏六个大诸侯国，合秦则为战国七雄。事，事奉，尊崇。⑤宋之事辽金：宋，北宋、南宋；辽、金是与宋朝同时并存的北方强国，分别通过战争威胁，而与北宋、南宋朝廷订立盟约，获得大量金银财帛、茶叶等，成为宋朝人民的一项沉重负担。⑥佚：使之佚，消磨。⑦勾践：即春秋时越王勾践，他被吴王夫差打败后，自己甘愿为吴王奴役，还输送了美女西施迷惑吴王，卧薪尝胆，终于灭了吴王，报仇雪恨。

译文

对付兵力强大的敌人，就要制服他们的将帅；将帅都是足智多谋的，就打击他的斗志。将帅斗志衰退，军士意志消沉，敌人的气势就自行萎缩。按照渐卦的原则：要利用敌人的弱点来控制敌人，顺利地保护自己。

（按语）对于兵力强大而将帅英明有智谋的部队，就不可以去和它对抗，只能顺应形势而服从他们。用割地去事奉他们，从而增强他们的实力，像战国时六国侍奉秦国那样，这是最下等的策略；用金钱布匹去事奉他们，从而增加他们的财富，像宋朝侍奉辽、金国那样，这是下等的策略；只有用美女去侍奉他，从而消磨他的志气，削弱他的体质，增加他部下对他的怨恨，像勾践用美女西施和名贵珠宝取得吴王夫差的高兴，那样，就可以转败为胜。

经典事例

纣宠妲己丧商朝

商汤灭夏桀，建立商朝。经过数百余年的争斗，最后传位至爱，人们称其为纣。

商纣王统治时期，奢侈之风极盛，宫廷用度，入不敷出。惟一的办法，就是靠其天子之尊向各诸侯国勒索贡品。若不按时按量进贡，即兴兵讨伐。此时有个有苏氏，由于未如数交纳贡品，商纣王就亲率兵马勒逼。有苏氏国君得知，恐惧异常，心想如何保住国家才是当务之急。连年饥荒，已使有苏氏财力交困。要应付贪婪的纣王，只有另觅良策了。幸好有一女儿，名叫妲己，娇艳绝伦，权可忍痛作为贡品进献。于是一面搜罗有限的珍宝，一面唤出妲己，告

以苦衷。然后派遣使者带上进献的贡册和妲己画像去向纣王求情。并表示若大王允准，以后如期进贡，再不延误。

纣王接过贡册，随意翻阅，所列珍宝奇物歌姬美女，数量可观，尤其是妲己画像，使纣王目不转睛，魂飞神驰，恨不得即刻把她揽入怀中。当纣王回过神来，表示允其承诺，尽快按贡册所列送到营帐。

妲己陪伴纣王返回商都，在旅途中，纣王醉眼凝望，妲己的举止，真若天仙般妩媚娇娆；与之交谈，声音悦耳动听。纣王满心欢喜地拥着妲己回到宫中。再看旧宠，一个个丑陋不堪，便一心一意爱怜妲己。把妲己的住处布置得极为豪华，服装用品都异常讲究。用象牙琢成精巧的筷子，还有五色斑斓的玉杯琼碗、瑶斝翠觚等器皿。与此相适应，供其娱乐的歌伎舞女日渐增多，服饰陈设，也日渐奢侈，不仅如此，又嫌宫室简陋，大兴土木，建造琼楼玉宇，历时七年，占地三里，名为『鹿台』，装点得富丽堂皇。接着又在鹿台周围，修筑花苑园囿，广集奇禽异兽、狗马等畜养其中。在沙邱一带营造离宫别馆，以满足妲己的欲望。

自妲己入宫，纣王百依百顺，言听计从，肆意挥霍，使得忠臣个个为之寒心。先是箕子默然叹息，深表忧患；继而是商容、比干一同劝谏，纣王不纳，商容只好告老还乡。

忠良之臣的沉默和引退，恰恰给纣王为所欲为的机会，对妲己更加宠爱；妲己也不忘父王的嘱托，放手怂恿纣王沉迷酒色淫乐，靡费资财。且看妲己美人的作为：

商朝的别都，奢侈之风极盛，贵族大贾终日歌舞，无止无休，因而有朝歌之称。妲己嫌商调缺乏韵味，时时流露

出厌烦之意。纣王便令宫中乐师师延作北鄙之调，靡靡之音，音调窈眇飘荡，听得人心动神移。接着选拣民间美女，练舞习歌。还仿夏桀时的酒池荡舟和肉山脯林。所不同的是，当纣王与妲己泛舟酒池时，有成百上千的裸体少男美女在肉山脯林间追逐打闹，做出不少风流事，纣王受到感官刺激，也不由自主地搂抱妲己，脱衣宽带。

妲己对此并不满足，她要干预政事，在君臣之间惹起事端。一日，纣王闷闷不乐，妲己问其故，纣王说：『鹿台虽然建造完工，倒还豪华壮丽，但园囿的珍离异兽、花鸟虫鱼及歌舞的少男美女还未齐备。诸侯们又停止进贡，使得花费供不应求。我欲兴兵讨伐，君臣反对，竟然对营建鹿台别馆提出异议。』妲己听罢，笑着对纣王说：『此等区区小事，大王不必在意。诸侯停止进贡，只有讨伐一法，当年若不是大王亲征有苏国，我怎有机会入宫侍奉大王。而那些臣子敢对大王的作为说三道四，是大王太仁慈和刑法不严的缘故。』纣王以为妲己言之有理，心想讨代罢贡的诸侯，倒还好办；对辅佐自己的君臣施以严刑峻法，一时还难以有什么口实。妲己见纣王犹豫的神态，似有难言之隐，便进一步蛊惑道：『群臣对大王说三道四，是诽谤犯上。』同时设计出一种酷刑，即『炮烙之刑』。

这种刑具是用铜铸成长约五尺、宽约三尺的铜烙（后改铸成铜柱），架在火炭上烧烤，令囚犯在上面行走，使其烤烫致死。

待炮烙刑具制成后，纣王便召来朝的诸侯和大臣。诸侯、大臣们进得宫来，见庭中用木炭燃起熊熊烈焰，上面的长方形铜格烧得通红，直冒青烟，个个疑惑不解，不知做何用途。施礼已毕，纣王高兴地说：『以往刑法太宽，致使

诸侯不按时进贡，群臣不认真办事，百姓不服政令，多有诽谤。特制此炮烙刑具，借以严肃朝政。』诸侯和群臣听得此言，吓得浑身战栗。纣王看见此刑的威慑力，心中十分得意，便令侍卫从宫门外拖来两个百姓。纣王说：『这两个刁民肆意诽谤朝政，煽惑百姓犯上作乱，特处此刑。』侍卫便将两个百姓推上铜格。只见两人在铜格上大声惨叫，颠仆跳踯，顿时俯伏其上，皮焦肉烂，生出些许黑烟。诸侯、群臣面如土色，忧惧俱加，纣王却开怀大笑不止。

正当此时，敢于直言的诸侯梅伯，走出朝班说道：『大臣所言，多有不妥。先王成汤仁及禽兽，网开三面，得到天下诸侯的拥戴。当今仁未及，政未周，惠未布。理应节财爱民，宽刑薄赋，广施恩泽。怎能设此酷刑，残杀百姓呢！』纣王一听此言，勃然大怒，厉声痛斥道：『你多次诽谤，我容忍不究。今日又来胡言乱语，可见与刁民是一丘之貉，严惩不贷。』纣王的话，并未使梅伯畏惧，继续奏道：『臣之所言，是不忍商朝的六百年社稷毁于一旦，大王若以忠言为诽谤，臣情敢受炮烙酷刑，使天下后世知臣之忠、君之暴！』纣王怒不可遏，令侍卫把梅伯推上铜格。好在比干等群臣苦苦求情，纣王才改口将梅伯推出斩首。又命将梅伯尸首剁成肉酱，分赐诸侯，下令若不按时进贡和诽谤朝政的，皆处以此刑。诸侯得到梅伯的肉酱，愤怒不满的情绪，更加浓重。九侯国君的女儿得知父王闷闷不乐的情由后，哀求入宫舍死进谏，结果，入宫仅一日，就被纣王绞死。九侯、鄂侯也做了纣王的刀下之鬼。

西伯姬昌，对纣王的暴虐，愤怒不已。岂料这一情绪被告发，纣王将其逮捕，囚于里。姬昌被囚期间，研究八卦图，推演出《周易》来，其子伯邑考为了搭救他，带上珠宝到商朝做人质。不料，未救出父亲，自己被害致死。残忍

的纣王将伯邑考做成肉羹，赐给姬昌。最后，还是给纣王献上美女和奇珍异宝，再用百两黄金买通纣王宠臣费仲，才将姬昌搭救回国。姬昌深知纣王的残暴和贪财好色，就投其所好，借以麻痹纣王，使纣王失去警惕；趁机广施恩惠，联络诸侯王，势力日渐增强，连与商都朝歌临近的黎国也对周臣服。

纣王对周的举动熟视无睹，仍整日与妲己淫乐。不仅如此，又用燕地的红蓝花汁调制成一种化妆品——胭脂，供妲己涂抹，显得更加妖艳妩媚，纣王为之兴奋不已，面对美人，酒兴大发，欢饮不休，纣王醉卧数日，迷迷糊糊，不知天上人间。

纣王的暴虐无道，使比干和箕子、微子十分忧虑，多次苦谏，纣王无动于衷，依然故我。致使一些正直大臣，纷纷离商而去。为了保住商朝宗祀，比干和箕子力劝纣王的亲兄微子离开朝歌，微子依其言而去。结果不仅没有使纣王从亲兄出走一事中猛省，而且倒使他觉得少了一个絮絮叨叨的人，一如既往地与妲己痛饮纵欲，继续作恶。

一年隆冬，纣王和妲己登上鹿台赏雪，见城河边老少二位汉子负薪过河，年老者步履稳健，年少者缩手缩脚，纣王觉得奇怪。妲己信口说什么是二位汉子腿骨血髓充满与空虚的差别。纣王即刻令侍卫下楼将二位汉子的腿砍断，以验证妲己所言。恰在纣王与妲己察看骨髓时，比干入宫来见说：『两个汉子被砍断双腿，犯有何罪？』纣王一时语塞，比干接着恳请纣王修德爱民，弃恶从善。纣王一听此言，勃然大怒，斥责比干退下。比干毫不畏惧，直视纣王、妲己，厉声说道：『大王不理政事，听信狐女妖言，祸国殃民，残暴无道，导致商朝危在旦夕。今天大王不答应弃恶从善，臣决以死谏。』妲己听得此言，心中畏惧，再看纣王气得满脸通红，觉得可以借机离间，杀死比干，于是冷冷说道：『照叔父说的意思，好像夫王是暴君，你是圣人。听说圣人的心有七窍，不知是真是假？』纣王听到妲己的话，心领神会，便丧心病狂地令侍卫把比干开膛剖心来看。比干之妻赶到宫中求情，纣王见其怀有身孕，便与妲己打赌是男是女，当场剖腹检验。可怜比干之妻，救夫不成，反被开肠破肚，鲜血淋漓。当箕子赶到宫中，见此情景，大吃一惊，愤恨地对宫奴说：『如此残暴，商朝岂能不灭！快快通报，我要当面苦谏。』纣王与妲己对饮得兴高采烈，得知箕子前来没有好听的，对宫奴随口说道：『把箕子囚禁为奴。』

纣王的商朝所面临的，是诸侯背商服周：群臣中有的出走，有的被杀，有的被囚，有的被罢官为奴，就连其亲叔父比干也被剖心而死；百姓敢怒而不敢言，等待时机，推翻昏庸残暴之君。真是四面楚歌，危难迫在眉睫。

与此相反，继文王之位的武王姬发，礼贤下士，节俭爱民，势力日益强大。当武王得知比干被剖心而死，箕子被囚为奴时，认为灭商的时机已到，遂调集兵马，讨伐纣王。号令一出，各地诸侯纷纷响应，且拥戴武王为天子，浩浩荡荡，渡黄河向西进发。

纣王纵欲过度，难以重现昔日的英雄本色。匆忙中召集兵马，应召者寥寥无几。只好把奴隶和俘虏组织起来，驱赶着去迎战周兵。结果可想而知，牧野一战，商兵纷纷倒戈、溃散，纣王在恶来的保护下返回鹿台。

遭此惨败而又恶贯满盈的纣王，自知难为周兵和百姓所容。在他死到临头时，还要再次作恶。他命左右侍从把所有奇珍异宝都集中到鹿台，与妲己一起披金挂银地衣戴整齐，双双端坐在珠宝之中，令侍从点火，焚毁鹿台。就这样，花费千百万穷苦百姓心血和汗水构筑的豪华无比的鹿台，连同纣王、妲己以及敲骨吸髓而得来的奇珍异宝，顿时化为灰烬，商朝灭亡。有苏国君若九泉有知，当为他施用美人计的成功而感到欣慰了。与此相联系，因美人妲己怂恿纣王作恶，带给穷苦百姓的苦难，也是有苏国君始料不及的。

上述两个事例，前提相同。即在己国将亡而又不甘心于灭亡之时所采取的美人之计，此计实施的步骤也如出一辙：通过美人妹喜和妲己怂恿夏桀和纣王沉迷淫乐，靡费资财，离间君臣关系，结果弄得众叛亲离，怨声载道，危机四伏，导致灭亡。诚然，夏、商两国的灭亡，是其国内日趋尖锐的矛盾的结果，而妹喜和妲己的怂恿，加速了它的灭亡。请看：第一步，以色迷人，沉溺淫乐，惑其志，弱其体。妹喜和妲己，称得上是绝代佳人。当她们被作为贡品人宫之后，夏桀与纣王视原来宠爱过的后妃们如敝履，钟爱集于美人一身，肆意淫乐，不理朝政。第二步，追求豪华奢侈，肆意挥霍，费其财，祸其国。夏桀时建豪华宫殿，造酒池脯林，裂帛；纣王筑鹿台，费时七年，占地三里，又有园囿之建，珍禽异兽，充于囿中。致使人不敷出，进而增加诸侯的贡献，勒索百姓，敲骨吸髓，结果，诸侯、百姓，怨声载道，人心背向。第三步，建立酷刑，招致怨恨，离间君臣，诛杀正直。夏桀的胡作非为，商纣的残暴无道，引起臣僚的不满，一批正直大臣如终古、关龙逢和梅伯、比干等，纷纷直言劝谏，被妹喜、妲己迷惑的夏桀和商纣，不仅不予采纳，反而诬其诽谤，处于斩首。尤其是妲己怂恿制造的炮烙之刑，残酷无比。就连商纣的叔父比干，最后也

难逃开膛剖心之刑。如此一来，君不君，国不国，不亡何待。

献公送美灭虢、虞

虢国在晋国的南边，中间还隔着虞国，而晋、虢二国的恩怨由来已久，视对方为亡我之心不死的劲敌。

虢国公整日以训练兵马开拓疆土为务，骄横不羁，不节俭爱民。太史嚣为之痛心，多次劝谏，均遭拒绝。好在有大夫舟之侨，足智多谋，直言敢谏，且能摸透虢国公的心思，凡遇重大政事，善于引导，有理有据，虢国公不得不纳。因此，虢国的实力日益增强，统治稳固。晋国想消灭它，大有困难。

当晋献公为此颇费神思时，大夫荀息求见，一针见血地说：『《周书》云「美女破舌」。大王不是为虢国的舟之侨忧虑么？若选几个美女送给虢国公，使其荒于政事。这样，舟之侨定会劝谏，虢国公不仅不会言听计从，还会觉他碍事。然后，再以金银珠宝贿赂左右，诽谤中伤舟之侨。如此一来，舟之侨再神通广大，也难于在虢国立足了。』献公拍手连声说：『妙计，妙计！』随即令荀息筹办。荀息奉命而行，很快在民间挑选出丽质天成的十名美女，稍作调教和修饰，个个美妙无比。献公便修书一封，带些珠宝，把美女送给虢国公。

不出荀息所料，虢国公见到这些异国美女，别有一番风韵，不由得心花怒放，遂如蜂采蜜似的整日游离其间，无心政事。舟之侨少不得屡次劝谏，恨得虢国公咬牙切齿。足智多谋的舟之侨，知国公已色迷心窍，谏之无益，就携带妻子儿女，躲于深山。

舟之侨的出走，给晋国消灭虢国创造了条件。然而，若要攻打虢国，必须经过虞国。当献公正为此思虑不得其计时，荀息再上一策：以名马美玉送给虞国公而借其道。献公知荀息之策可行，但又担心虞国名臣宫之奇识破其谋，收下名马美玉而不肯借道。荀息早有判断，以为宫之奇性情懦弱，不敢固执己见，加上虞国公有喜爱美男之癖，宫之奇与虞国公一起长大，非常亲昵，宫之奇今非昔比，年老色衰。我们向虞国公送名马美玉的同时，再选送一批优伶乐伎，投其所好，宫之奇就难以进其言了。献公采纳其策，付诸实施。虞国公得到名马美玉及年轻貌美的优伶乐伎，喜不自胜，加上荀息的一番恰如其分的恭维，犹入五彩云中，不仅即刻答应借道，而且情愿充作攻打虢国的先锋。宫之奇得知此情，急忙入宫谏阻，虞国公不等宫之奇说完，就让他退下。

由于虢国的战斗力较为强大，晋、虞二军联合进攻，仅攻占了下阳，并未使其亡国。两年后，再次派兵前往。虞国公不听宫之奇的劝告，仍与晋军联合，宫之奇只有离虞赴秦。后来，晋军消灭了虢国，而且在凯旋时，大军驻扎虞国，向虞国献上掠夺来的美女歌伎和金银珠宝，在虞国公还处在喜悦之中、毫无戒备的情况下，已经成为晋国的俘虏，被押送晋国京都。与此同时，荀息没有忘记把以前送给虞国公的名马美玉奉还献公。献公以胜国之君，目视名马，满意地笑了。

用西施勾践灭吴

自古以来，国与国之间，兵戎相见，胜而败，败而胜，生生灭灭地演变着。吴越两国的胜与败，败与胜，生出许

多耐人寻味的故事，并且表现出在战败之后如何运用自辱其身，寻求胜机的美人之计的手法来。

吴王夫差之父阖闾，在与越王勾践的争战中重伤而死。夫差为报杀父之仇，守丧日毕，即命伍子胥为大将，伯嚭为副将，率倾国之兵，讨伐越国，且志在必胜。当吴军来到越境，勾践召集三万之兵与之对抗。结果，兵力众寡悬殊，越兵惨败，仅剩五千人退至会稽。在越国将亡之时，范蠡进言道：『战至如此地步，惟一的办法就是送上丰厚的礼物，谦恭的哀求，讨得吴王的哀怜和同情。若其不允，君王只好自辱其身，去做吴王的奴仆，寻求时机，以图再举。』勾践令文种以范蠡之言前往，言卑情切地向吴王请求，且答应交出越国，越王和王妃供吴王驱使。吴王见此情景，本想允诺，而在侧的伍子胥，列举史例，劝阻吴王，且说若不趁此良机灭越，后患无穷。吴王以为其言有理，拒绝文种。

勾践得知夫差拒绝，万念俱灰。文种又进一策：以财色贿赂嫉贤妒能而又贪财好色的吴王宠臣伯嚭，投其所好，定能请和成功。勾践即令文种采办。文种火速带上八名美女、二十双白璧，入吴军军营进献给伯嚭，果然顿时生效。次日伯嚭就领着文种叩见吴王。吴王仍持前议，决心彻底灭越，以慰父王在天之灵。伯嚭摇动如簧之舌，说什么允越求和，既可得越财富增强吴国实力，又可博得仁义美名，号召诸侯，名实俱获。否则，越国余兵，困兽犹斗，吴国虽不至于失败，但消耗人力物力，并非上策；倘有疏漏，还会贻笑于诸侯。吴王夫差为之心动，转而问文种，越王是否愿入吴侍奉。文种立即叩头，答称越王甘心情愿侍奉大王。夫差便应允越国讲和投降，伍子胥予以谏阻，吴王不

听。文种回报越王，勾践立即挑选珍宝，又选三百三十名美女，装载上车，分送吴王和伯嚭，遂签订盟约。吴王十分满足，凯旋而归。

公元前492年年中，勾践怀着极其伤感和屈辱的心情，带着妻子在范蠡的陪同下入吴为奴仆。离开越都时，朝臣少不了一番劝慰，忍辱负重，以图来日东山再起。勾践心怀远图，认为暂时的坎坷，命中注定。入见吴王，跪拜俯首，感恩戴德之情，溢于言表，说得夫差也觉于心不忍。伍子胥得知勾践入事吴宫，其意不言自明，急速进谏吴王趁机诛杀勾践，以绝后患。吴王以『诛降杀服，祸及三世』为辞，回绝伍子胥。伯嚭在旁劝吴王勿食前言，夫差便饶恕勾践不死，在宫中为奴养马。

成大事者，必经磨难。勾践自辱其身，目的在于复国。因此，他与妻子、范蠡在天宫中小心翼翼，不愠不怒。夫差派人去观察勾践的行动，只见他们穿的是破衣烂衫，吃的是粗糠野菜，勾践看马喂草，范蠡砍柴打草，勾践夫人做饭洗衣，个个安分守己，一副心甘情愿模样。吴王得知此情，也认为他们意志消磨殆尽，再无尊严可言。从而放松了对败国之君应有的警惕。

不觉一晃三年过去了，夫差反倒觉得勾践君臣十分可怜，生出恻隐怜悯之心，加上伯嚭的讲情，打算放他们回国。伍子胥赶来劝阻说：『夏桀、殷纣囚成汤、文王而不杀，留有后患，结果夏被汤灭，纣被周亡。现在大王不仅不杀勾践，反令其回国，岂不是放虎归山，将重蹈夏桀和殷纣的覆辙吗！若不早除勾践，必悔恨终生！』夫差采纳其

言，将勾践夫妇及范蠡重新囚禁石室。

文种在越国得到伯嚭传来信息，越王等不久将获赦免回国，接着又得知事有逆转，急忙派人携带珠宝美女贿赂伯嚭。伯嚭入见吴王，引经据典，对说吴王以仁德为重，方能成功霸业。夫差也觉其言不无道理，答应病愈之后，再议赦还勾践之事。

范蠡通医，知吴王疾病将很快好转，便建议勾践前往探病，要表现出对吴王的无限忠诚和谦恭，以便博得吴王的好感和信任。次日，勾践即通过伯嚭叩见吴王，显得十分忧虑，跪拜询问病情，恰在此时，吴王要大便，勾践便请饮溲尝便，判断病情。待尝过之后，高兴地对吴王说：『大王的病很快就会痊愈。』吴王为之感动，当即答应勾践搬出石室，养马驾车，待病痊愈，赦其回国。

事也凑巧，不几日，吴王的病真的好了，临朝理事。一日，大摆宴席，待勾践以宾客之礼。伍子胥见此礼遇，挥袖而去。接受越国金贿的伯嚭为防止伍子胥再生枝节，使勾践顺利回国，便趁机在吴王面前大肆攻击伍子胥。第二天，伍子胥果然面见吴王，苦言相劝，一针见血地指出：『越王入臣于吴，其谋深不可测；虚府库而不露愠色，是欺瞒我王；饮溲尝便，是食王之心肝。入吴为奴，是为灭吴！若不省悟，将大祸临头！』可是，吴王不悟，斥令伍子胥住口退下。就这样，因吴王一叶障目，不纳忠言，专信谀词，才使勾践及妻子、范蠡提心吊胆地回到越国京都，勾践感慨万端，复仇之志，坚定不移。

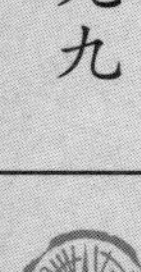

勾践回国后，千方百计地侍奉吴王夫差，发动男女采葛，织成十万细布进献给吴王，以满足他的嗜好，讨得他的欢心和信任。吴王高兴了，返还越国的八百里国土。而勾践暗暗地实施其复仇的计划，且以身作则。『日卧则攻之以蓼，足寒则渍之以水，冬常抱冰，夏还握火，愁心苦志，悬胆于户，出入尝之，不绝于口。』平日，勾践耕种，夫人织布，节衣缩食，出不敢荐，入不敢传，苦身劳心，取得百姓拥戴。同时对诸侯国的士民以礼相待。不久时间，越国人口增加，生产发展，民气日涨，实力日强。

当吴国伐齐凯旋的消息传到越国，文种向勾践进谋说：『古人云高飞之鸟死于美食，深渊之鱼死于芳饵。大王若想伐吴复仇，仍要投其所好，参其所愿。』勾践精神为之一振，请文种详细说来。文种侃侃而谈，提出九术之策：尊天地事鬼神以求其祸；重财帛以遗其君，多货贿以喜其臣；贵籴粟麦以虚其国，利所欲以疲其民；遗美女以惑其心而乱其谋；遗之巧工良材，使其起宫室以尽其财；遗之谀臣，使之易伐；强其谏臣，使之自杀；君王国富而修利器；利甲兵以承其弊。文种最后说：『大王用此九术，破吴灭敌，报怨复仇，易如反掌。』勾践连连点头称妙，认真研究九术且逐步付诸实施。

说来也巧，吴王正在修建姑苏台，勾践立即命令搜集巧匠良材，送给吴王。吴王看到勾践送来的又长又大的木料，喜出望外，便根据良材的尺寸，重新设计宫殿规模，增派百姓服役，费时八年，才予完工，因而浪费人力、物力、财力，可谓劳民伤财。

接着又令文种和范蠡挑选越国最漂亮的女子西施和郑旦，送给吴王，投其淫而好色之癖。吴王见西施美如天仙，能歌善舞，多才多艺，顿时入迷。又为其建馆娃宫，铜构玉栏，珠玉装饰，富丽无比。馆娃宫外，又有鸭城、鸡城、鹅城、酒城之筑，耗资不计其数。此后，遂与西施在宫中淫乐，将朝政交给伯嚭。伍子胥多次劝谏，均遭斥责。

吴王西施挥金如土，致使百姓疲惫，国力日衰，勾践趁机派文种请籴吴国，伍子胥知文种用心，谏阻吴王说：『虎狼不得委以食，蝮蛇不可恣其意。』伯嚭却以德义反驳伍子胥。吴王夫差正以勾践臣服得意，批准借给越国粟麦万石。次年，越国将粟麦蒸煮后还给吴国，夫差见颗粒硕大饱满，十分高兴，不仅由此认为勾践讲信用，还要臣下将归还的粟麦留作来年的种子。结果，种子入土，没有发芽出苗，一年耕耘，颗粒无收，百姓饥困。夫差不知危难，仍骄横无羁，依恃勇武，准备兴兵伐齐，伍子胥再谏，惹恼吴王，令其往齐劝降。伍子胥知吴亡只在时日，便与儿子一起赴齐，托友人照顾，然后返回吴国。伯嚭趁机进谗言，把伍子胥赴齐托子之事大肆渲染一通，吴王听信不疑，令伍子胥自杀。伍子胥含泪从命，临死前对家人说：『我死后，请把我的眼睛剜下来挂在东门城墙上，我要看看越国灭吴的大军。』吴王夫差得知此言，怒不可遏，即令侍卫用马革将伍子胥尸首包裹，抛入江中，诤诤良臣，了却一生，吴王再也听不到逆耳忠言。伯嚭遂进升为相国，朝政更加腐败。

公元前四八二年，勾践从西施传来的情报得知，吴王率精兵强将往黄池会诸侯，谋取盟主。只留太子及老将弱兵在国内把守。于是，勾践派兵遣将，讨伐吴国，吴军大败，吴王得知，惊得哑口无言，面如土色。赶紧与诸侯签订盟

约，急忙赶回。见兵疲民困，只好向越国求和。勾践审时度势，慨然应允。由于吴王不从此一事件中吸取教训，在内仍重用伯嚭，宠爱西施，诛杀太子；在外又与齐、晋、楚以武力相对峙，兵力日渐消损。四年之后，勾践再次派兵攻打吴国，笠泽一战，吴军大败而逃，夫差奔至阳山，越军四面围困，伯嚭已经投降。夫差不得已，只好再次向勾践求和。范蠡与文种对勾践说：『大王卧薪尝胆，奋发图强，熬了二十二年，今日定要除掉夫差，以避后患！』勾践还记会稽之败，夫差不杀的恩德，派人告知夫差，给他甬东之地、三百仆役，以终其养。夫差羞愧难言，自杀而死。

数年后，勾践消灭了吴国，杀死伯嚭、扶同；范蠡多谋远虑，携西施远走高飞。只有文种，不听范蠡规劝，以为有功，终被勾践赐死。此为后话不赘。

吴越间的败而胜，胜而败，几经反复，多所曲折。仅就夫差和勾践而言，异同极为分明。其相同处表现在，当处于劣势之时，以复仇为目标，都能够忍辱负重，苦心积虑，时时警惕，不达目的誓不罢休。如夫差为报杀父之仇，派专人在门庭外，迎其出入，却要提醒勾践杀阖闾之事。勾践兵败入吴为奴不愠不怒；回国之后，卧薪尝胆，以图再举。但两者的结果迥异：夫差羞愧自杀身亡，勾践消灭吴国，得到诸侯领袖的地位。这一差异，关键在于美人计的妙用。

当勾践兵败会稽，请求讲和而不得之时，是文种献策，以珠宝美人贿赂夫差宠臣伯嚭，且以入吴为奴为条件，才得以不死；继而被囚石室，伍子胥谏吴王立即处死，斩草除根之时，又是伯嚭以仁义为辞，从中劝说，紧张情势，

随之缓解；当勾践等小心翼翼，终日劳作，无悔无怨，引起夫差的怜悯，择日赦其回国，经伍子胥一番论说，而又重新将勾践等拘于石室之时，文种再次遣人以财色贿伯嚭，使勾践等解除囚禁，养马驾车，由于勾践有忠臣范蠡出谋划策，勾践探夫差之病，竟饮溲尝粪，以判吉凶。尽管夫差以胜利者自居，骄横傲慢，但这一举动，无论是在精神上，还是在感情上，所起的作用是巨大的，它一方面使胜利者得到了精神上的满足，以为勾践表现得如此卑贱，精神崩溃，只能为奴仆，不会有东山再起之心；从而在感情上，夫差不得不出于怜悯寄予勾践以同情，以至放其回国。

再以臣僚间而言，夫差下有伍子胥、伯嚭，勾践下有文种、范蠡。伍子胥、文种、范蠡足智多谋，深思远虑，洞察一切；伯嚭贪财好色，舍利忘义。伍子胥的忠信，被伯嚭的奸邪抵消。君王偏听偏信，由胜转衰。而文种、范蠡，目标一致，精诚团结，竭尽全力，出谋划策。君王为摆脱困境，虚心求教，付诸实施，由弱转强。由此可以看出，胜国之君因其胜而骄，因其骄而暴露出对方可乘之隙；败国之君因其败而谦，因而谦而深藏不露，虚心倾听臣僚意见。尤其是勾践回国后的卧薪尝胆与文种所献以美人计为核心的取吴九术，可谓是美人计的精品。因勾践运用适时得当，终于实现了由弱变强，灭吴复仇的目标。这就是《周易》中说的渐卦九三爻变与巽卦示以柔顺之意。

第三十二计　空城计

原文

虚者虚之，疑中生疑。刚柔之际①，奇而复奇。

按语

虚虚实实，兵无常势②。虚而示虚，诸葛而后，不乏其人。

如吐蕃③陷瓜州，王君焕④死，河西恟惧⑤。以张守珪⑥为瓜州刺史，领余众，方复筑州城。版干⑦裁立，敌又暴至，略无守御之具。城中相顾失色，莫有斗志。守珪曰：『彼众我寡，又疮痍⑧之后，不可以矢石相持，须以权道制之。』乃于城上，置酒作乐，以会将士。敌疑城中有备，不敢攻而退。

又如齐祖珽⑨为北徐州刺史。至州，会有陈寇⑩，百姓多反。珽不关城门，守陴者皆令下城，静坐街巷，禁断行人鸡犬。贼无所见闻，不测所以，或疑人走城空，不设警备。珽复令大叫，鼓噪聒天，贼大惊，登时走散。

注释

①刚柔之际：《易经·解卦》：『象曰：刚柔之际，义无咎也。』意思是说：在既刚又柔，非刚非柔，刚柔混杂的情况下，往往不会受到大的伤害。即情况不甚明了，虚虚实实，使敌人摸不清情况，不敢贸然进犯。②兵无常势：见《孙子·虚实篇》：『水因地而制流，兵因敌而制胜。故兵无常势，水无常形。』即军队没有固定不变的状态。③

吐蕃：唐时生活在青藏高原一带的少数民族，建立了自己的国家，曾称雄一方。④王君焕：唐将，字威明。开元中为河西陇右节度使，因为击破吐蕃有功，升任大将军。后吐蕃攻陷瓜州，回纥等部叛变，君焕战死。⑤河西恟惧：河西，唐代方镇，治所在今甘肃武威，管辖的地方相当于今甘肃省河西走廊。恟惧，恐惧，恐惧不安。⑥张守珪：唐将，开元中为瓜州刺史。⑦版干：版，夹板；干，是筑墙夹板两头所立的木桩。古时筑墙，两个板子相夹，当中放土，用杵舂打实。⑧疮痍：伤病，疾痍。指战争创伤。⑨祖珽：北齐范阳人，字孝征，曾任北徐州刺史。北徐州：北齐设置，治所在今安徽凤阳东北。⑩陈寇：陈，指南朝的陈国；寇，指进攻、入寇。

译文

兵力空虚的，再故意显示出虚弱的样子，使敌人疑惑不定，摸不清你到底是强还是弱，因而不敢贸然行动。这是一种更加奇妙的计谋。

（按语）实实虚虚，虚虚实实，用兵没有固定的方式。空虚时有意显示空虚，这种方法自诸葛亮以后，运用的人并不少。

如：公元727年，吐蕃人攻陷了瓜州（今甘肃省安西县），唐朝守将王君焕战死，河西地区的百姓非常恐慌。朝廷又派张守珪做瓜州刺史，他到任后立即带领没有逃走的军民修筑城墙。刚安置了木桩大板在打墙，吐蕃人又突然来袭击。大家没有一点防御工具，城里人你看我，我看你，惊慌失色，毫无斗志。守珪说：『敌众我寡，我们又刚遭受

过战争的创伤，不能用利箭、石块和他们相对敌，必须用谋略去战胜他们。』于是他命令在城上摆好酒席，和将士们饮酒作乐。吐蕃人怀疑城内有了准备，不敢进攻，撤兵而去。

又如，公元573年，北齐祖珽做北徐州刺史，刚到任时，就碰上南陈大举入侵，当地老百姓很多人参与暴乱。祖珽命令不要关闭城门，让守城的士兵全从城墙下来静静地坐在街巷里，禁止行人通行，连鸡犬也不能乱叫。南陈军队什么也看不到、听不到，不知道是什么缘故；有人还怀疑人都跑了，是座空城，无人防守。这时祖珽又命令士兵突然高声大叫，喊杀声震天动地。南陈军队大吃一惊，顿时逃散了。

经典事例

始计空城郑退楚

春秋时期，楚国的令尹（宰相）公子元，在他哥哥楚文王死了以后，非常想占有漂亮的嫂子文夫人。他用各种方法去讨好，文夫人却无动于衷。于是他想建立功业，显显自己的能耐，以此讨得文夫人的欢心。

公元前666年，公子元亲率兵车六百乘，浩浩荡荡，攻打郑国。楚国大军一路连下几城，直逼郑国国都。郑国国力较弱，都城内更是兵力空虚，无法抵挡楚军的进犯。

郑国危在旦夕，群臣慌乱，有的主张纳款请和，有的主张拼一死战，有的主张固守待援。这几种主张都难解郑国之危。上卿叔詹说：『请和与决战都非上策。固守待援，倒是可取的方案。我国和齐国订有盟约，而今有难，齐国会

出兵相助。只是空谈固守，恐怕也难守住。公子元伐郑，实际上是想邀功图名，讨好文夫人。他一定急于求成，又特别害怕失败。我有一计，可退楚军。』

郑国按叔詹的计策，在城内作了安排。命令士兵全部埋伏起来，不让敌人看见一兵一卒。令店铺照常开门，百姓往来如常，不准露出一丝慌乱之色。大开城门，放下吊桥，摆出完全不设防的样子。

楚军先锋到达郑国都城城下，见此情景，心里起了怀疑，莫非城中有了埋伏，诱我中计？遂不敢妄动，等待公子元。公子元赶到城下，他觉得好生奇怪。他率众将到城外高地眺望，见城中确实空虚，但又隐隐约约看到郑国的旌旗甲士。公子元认为其中有诈，不可贸然进攻，先进城探听虚实，于是按兵不动。

这时，齐国接到郑国的求援信，已联合鲁、宋两国发兵救郑。公子元闻报，知道三国兵到，楚军定不能胜。好在也打了几个胜仗，还是赶快撤退为妙。他害怕撤退时郑国军队会出城追击，于是下令全军连夜撤走，人衔枚，马裹蹄，不出一点声响。所以有营寨都不拆走，旌旗照旧飘扬。

第二天清晨，叔詹登城一望，说道：『楚军已经撤走。』众人见敌营旌旗招展，不信已经撤军。叔詹说：『如果营中有人，怎会有那样多的飞鸟盘旋上下呢？他也用空城计欺骗了我，急忙撤兵了。』

这就是中国历史上第一个使用空城计的战例。

空城计既然是一种心理战术，在运用时便是冒险之举，因此应慎之又慎，万万不可露出破绽，一旦为敌人识破，

那将是险上加险。

叔詹的安排周密细致，毫无破绽，才骗得公子元退兵。此外，空城计仅能做到缓兵，真正达到退兵目的还需要借助别的力量。

施联手三家分晋

战国时期，韩、赵、魏、智四家成为晋国最强的势力。当时，这四家中当权者是智伯瑶、赵襄子无恤、韩康子虎、魏桓子驹。智伯瑶势力最大，想独吞晋国，先打算削弱其余三家。他以奉晋侯之命，准备治兵伐越，恢复霸王的地位为借口，要每家拿出一百里的土地和户口来归『公家』。其实『公家』就是『智家』。

公元前455年，智伯自己率领中军，韩的军队担任右路，魏的军队担任左路，三队人马直奔赵家。赵襄子知道寡不敌众，便退据晋阳。不久，智、魏、韩三家的兵马，把晋阳城围住。而赵家却士气旺盛，坚守城池。双方在晋阳城外，相持近二年。到了第三年（前453年），智伯想出一个办法，把晋水引到西南边来，用水淹晋阳城，不到几天，水漫晋阳城。但赵家的军队宁可淹死，却决不投降，赵襄子又派谋臣张孟谈偷出晋阳城去拉拢韩、魏两家。张孟谈对韩康子、魏桓子说，唇亡齿寒，赵亡以后，灭亡的命运就轮到你们了。韩、魏两家的参战本来就是被迫的，又见智伯专横跋扈，恐怕以后智伯得势，危及自己，为了自身利益，决定投向赵襄子一起干。有一天晚上，韩、赵、魏三家用水反攻智伯，淹了智伯的军营，智伯驾着小船，准备逃命，结果没有逃出赵襄子的埋伏圈，被抓住后，三家军队将他杀掉了，接着又灭了智氏一族。赵、韩、魏三家平分了智氏一族的土地和户口，分别建立了三个封建的政权。

在韩、魏、赵三家联手施用『空城计』的『奇（空）阵』手法，以击灭智伯强敌的过程中，主要行一引、二诱、三导、四灭之策：一是段规以百里之地拱手相予政敌智伯，以引其贪心不止；二是任章以魏之万户之邑、百里之地相予，更诱其索欲难平；三是韩、魏派军随智伯围晋阳之地，以导入奇（空）阵之地；四是韩魏赵三家联手，出奇制敌，反用水攻智伯之军，使之措手不及，被擒杀消灭，且夷族分其土地。这是政治斗争中，以弱胜强，奇、空、险、绝，环环相扣，而置强敌于死地的最为典型的例证。

成皋空城胜庞涓

韩国太子依照孙膑的嘱咐，撤回韩国境内后便安营扎寨，与国都的韩军形成犄角之势。

庞涓带领几个将军来到韩国太子的大营前察看虚实，太子大营营门紧闭。庞葱对庞涓道：『叔父，孙膑多日来紧闭营门，他是不是想拖住我们？』

庞涓沉默了好一阵子，道：『孙膑好像不在营内……』

庞葱不解，问道：『叔父由何而知？』

庞涓道：『孙膑作战，虚虚实实，他要是害怕我们，就会摆出不害怕的样子，不会紧闭营门而不出；他要是想拖住我们，就会摆出决战的样子，也不会紧闭营门不出的……』他突然想到什么，对庞葱：『他一定是去了成皋……庞

葱，我率大军立刻赶往成皋，你带一万人马留在这里，牵制韩国太子。』

孙膑夺取成皋后，知道庞涓不会善罢甘休，为了做好长期坚守成皋的准备，孙膑命令将军们留下少量军队，带大部士兵到城外征粮。他不放心太子，让钟离春骑快马前往国都方向，监视庞涓的大军。

钟离春很快就回来了，并给孙膑带来一个坏消息：庞涓的先头军队离成皋只有三十里路。

孙膑纵是谋略过人，也有些不知所措了，惊道：『他们怎么来得这么快！』

钟离春道：『看来，太子没能牵制住庞涓。』

孙膑非常后悔，道：『真是一招不慎，满盘皆输……』

钟离春安慰他道：『先生，鬼神还有失算的时候，何况人呢……还是赶快想个计策，对付庞涓吧。』

孙膑叹道：『真没什么计策了……城里军队不多，而且大都是一些有伤病的士兵……』

钟离春道：『速把征粮的军队叫回来。』

孙膑摇头道：『来不及了……』

钟离春道：『那放弃成皋，我们到城外集结征粮的军队。』

孙膑道：『区区五千军队，再没有了城池，无法与庞涓的数万大军对抗。』

钟离春道：『我们不与庞涓对抗，回国都与太子的大军汇合，重新夺回成皋。』

孙膑道：『如果成皋第二次失陷，大王就不会再给我们夺取成皋的机会了。』

钟离春问：『那……你说怎么办，留在成皋，束手待擒？』

孙膑沉默不语，巧妇难为无米之炊，一个没有士兵的将军战又战不得，跑又跑不得，那这个将军还不如一个平民百姓！

钟离春有些沉不住气了，催道：『你说话呀，实在没办法，我们就走。』

钟离春这么一催，反而令孙膑平静下来了，他问道：『我方才忘问你了，魏国的先头军队是轻装还是重载？』

钟离春回答：『轻装。』

孙膑欣然道：『我有主意了……』

钟离春问：『什么主意？』

孙膑平静地道：『打开大门，让士兵们全部隐蔽起来，放魏军进来……』

钟离春急了，道：『打开大门，这叫什么计策？这跟束手待擒有什么区别？』

孙膑道：『这也许是最好的退敌之计……』

孙膑命冯将军速往城外，命城外征粮军队停止征粮，隐蔽待命，然后招集城内的将军，把自己的计策告诉他们，随后解释道：『……开城迎敌，并非我凭空想象，三百年前，楚国公子元率大军攻打郑国国都，郑国人在迫不得已的情况下，打开城门，诈退了楚军，而今我也是不得已而为之。庞涓的先头军队轻装直奔成皋，其意在打我们个措手不及，若用此计便会使他产生疑惑，不敢轻易进攻，我们再让城外征粮的军队装作伏兵，在埋伏中露出破绽，使其疑上加疑，他们退兵数十里。到那里，城外的军队立刻进城，立即做好守城准备。』

有将军道：『军师，如果庞涓的将军看破你的计谋，我们就危险了！』

孙膑道：『我向来用兵是虚中有实，庞涓是屡屡吃亏，这次我们虚中无实，他们还会以为是虚中有实。』

将军们认为孙膑说的确实有道理，便不再怀疑孙膑的计策。

不足一个时辰，魏国的先头军队就到成皋城外。领军的费将军见成皋城门大开，行人往来不断，好像一点防备的样子都没有，不由纳闷。随行的将军道：『费将军，既然敌人没有防备，我们就来个突然袭击吧。』

费将军道：『元帅说过，孙膑作战一向虚虚实实，城门大开，是装作毫无防备，诱我进攻，然后图之。』

费将军命令奸细马上混进城内，查明详情，同时派人到城外四周查探，看有没有伏兵。最后才命令军队，作好攻城准备。

随行将军不解，问：『费将军，你不是说孙膑有诈嘛，为何还要攻城呢？』

费将军道：『我也给他来个虚虚实实，真真假假。』

费将军的这一步棋确实令韩国的将军们惊恐不安，他们认为魏军已经看破了孙膑计策。

钟离春道：『先生，现在把城门关上还来得及。』

将军们随声附和：『若不关闭城门，庞涓的军队突然袭击，就麻烦了。』

孙膑沉思片刻，道：『他们这是试探。』

将军们道：『军师，还是小心为好。』

孙膑正色道：『我从来不做没有把握的事……你告诉所有人，让他们按计策行事，违令者，斩。』

将军们虽心存疑惑，但还是按孙膑的命令而行。

人们都说孙膑有百战百胜之能，可他也是肉身凡人，是人就有人的弱点：脆弱。只不过孙膑善于掩饰人的弱点而已。当将军离开他的住处，他身边只有钟离春的时候，他再也无法掩饰了。

钟离春问他：『先生，你是不是很有把握？』

孙膑道：『没有。』

钟离春又问：『那为什么要打开城门？』

孙膑道：『没有退路了。』

钟离春再问：『那庞涓的大军要是看出先生的计策，怎么办？』

孙膑道：『只好认了。』

钟离春急了。道：『先生，我现在带你悄悄离开。』

孙膑道：『不行，一个军队的统帅就是死也不能抛弃自己的军队，抛弃了军队就再也没有资格做军队的统帅，我是一个兵家，没有了军队，在这个世上还能做什么？还不如死了好。』

钟离春不无伤感，只喊了一声：『先生……』就说不出话来了。

孙膑忽然感到了从未有过的软弱与无奈，轻声道：『钟离姑娘，你一个人先走吧。』

钟离春断然道：『我不走。』

孙膑用命令的口气道：『你走吧！』

钟离春眼里含着泪，道：『我不走，我既然跟随先生，就要和先生在一起，生也在一起，死也在一起。』

也许每个人只有将要走完人生全部的历程时，才能领悟到爱情的可贵；也许每个人只有走到生命尽头的时候，才会说出心中最后的秘密。此时孙膑终于打开了关闭了很长时间的心扉，轻轻道：『钟离姑娘，我曾经伤害过你，别记恨我，在齐国的时候，我不该回绝你……』

钟离春装作无所谓地：『那已经是过去的事了，我们不再提它，好吗……』

孙膑道：『我心里放不下……』

钟离春道：『我知道你是为了我的自尊心……』

孙膑：『不，不是……其实我心里早就有你，当时我身有残疾，庞涓又四处追杀我，我不想让你跟我过颠沛流离的生活，所以我才不得不推辞你。』

钟离春极力控制着自己，但泪水还是从她眼中流了出来，她一头扑到孙膑的怀里，抽泣着：『孙先生，我……我早就盼着你……说喜欢我……』

孙膑抚摸着她的肩头，自语道：『但愿我们这一次能渡过危难……』

孙膑深情款款地抚摸着她，两人紧紧相拥，这真不知道这对孙膑意味着什么，是爱情的永恒，还是无可挽回的失败？也许上苍就是这样安排的吧……

费将军的士兵们做好了一切攻城的准备。费将军立在车上，望着前方，他在等待奸细的消息。

奸细的快马终于回来了，费将军迫不及待地：『怎么样？』

奸细道：『不出将军所料，孙膑早有所备，我混进城门，看到了隐蔽的韩军……』

费将军问：『有多少人？』

奸细道：『看上去不少，街两旁的院内，无处不有韩军的身影与旗帜。』

费将军的手下道：『将军，看来我们只有等待元帅的大军了。』

费将军没有表态，他还要等待成皋城外的消息。

一个将军骑马而来，他是方才受费将军之命派奸细到成皋周围查探伏兵的将军。那将军来到费将军面前，道：

『费将军，在我们两侧，发现了孙膑的伏兵……』在场的将军们不由一惊。

有人问：『有多少人？』

那将军道：『奸细说很多，树林草丛中都是……而且正向我们这边移动……』

费将军冷冷一笑：『幸亏我多长了一个心眼……』

他命令军队后撤三十里。

费将军的撤军给孙膑赢得了宝贵的时间，孙膑命令城外军队速速回城，征集来的粮食能带回多少，就带回多少，带不回来的，一定要藏好，不能让庞涓得到。同时征集城里青壮年百姓，把他们编入军队，把百姓家的粮草集中起来，统一发放。当费将军知道自己中了孙膑的计谋时，庞涓大军已经到了。费将军向庞涓请罪道：『元帅，小人无能，请元帅处罚。』

庞涓大度地：『这不怪你，只能怪孙膑太狡诈了。』

他饶恕了费将军。费将军感激不已，请命率军攻打成皋。

庞涓道：『我没打算攻打成皋，我要围困成皋，兵不血刃，活捉孙膑。』

庞涓命疤脸奸细想办法在魏国大军包围成皋之前，混进城内，打探孙膑到底有多少粮食，嘱咐他探不清楚不要回

来报告。

韩国太子得知成皋被困，正打算率大军增援成皋，韩王派人送来急信，命他立即率军回国都新郑。

太子自负地对韩王派来的将军道：『你告诉父王，将军在外，君命可以不受。』

将军劝道：『大将军，你这话是死罪。』

太子很不服气地道：『军师也说过这种话，父王并没处死他。』

将军道：『孙膑是外邦之人，大王是为了利用他，你不同，你是太子，必须听大王的。』

太子道：『如果因此成皋失陷，谁负责？』

将军道：『大王负责。』

太子不信：『父王说过这种话？』

将军道：『大王的信中有这个意思。』

韩国太子无话可说，只得回师国都。

孙膑盼来盼去，迟迟不见韩太子的援军，成皋城内所有粮食集中起来也不足三十天所用，孙膑只得派钟离春回国都找申大夫。他对钟离春道：『今夜，你带上我的信，立刻回国都找申大夫，让他协助太子率兵解救成皋之围。信中有退敌的计策，请申大夫想方设法劝太子按计策行事。路上千万小心，成皋的安危，全在你手中了……』

钟离春让孙膑放心，她说办这种事，万无一失。

韩王召集朝中大夫商议成皋被围之事，左大夫自作聪明道：『魏军军队兵强马壮，庞涓又善于诡计，开始微臣就反对与其交战，如今孙膑被困成皋，微臣认为，这只是庞涓的诡计的开端，他还有更大的阴谋……』

韩王问：『什么阴谋？』

左大夫道：『孙膑守卫成皋区区不足五千人，庞涓十万之众，本可轻而易举攻克成皋，但他却不攻……』左大夫看了众人一眼，『微臣认为，他这是以成皋为诱饵，引诱大王的军队前往成皋，一举消灭，然后挥师南犯，直取国都……』

韩王颔首道：『庞涓的用心，非常险恶……』

中大夫：『大王，左大夫所说毫无根据。庞涓所以围而不攻，一是怕孙膑，二是怕大王。成皋城池坚固，易守难攻，加之孙膑用兵如神，庞涓担心一旦攻城不克，魏军将元气大丧，若此时大王的军队兵临成皋，庞涓必败无疑。因此，大王应该立刻出兵解救成皋之围，才是上策。』

韩王沉思道：『你说得也有道理……』他对司马大夫：『司马大夫，说说你的看法……』

司马大夫道：『庞涓围困成皋，大王理应派军队解救，可庞涓围困成皋，并非为难大王，而是为了孙膑，大王不如坐山观虎斗，若庞涓不能攻克成皋，待他疲惫之时，再发兵成皋，可稳操胜券；若庞涓攻克成皋，大王则顺水推舟，把敌视魏国的责任推到孙膑身上，庞涓围困成皋，本来就是为了私怨，他也可就此下台阶，与大王和好……』

申大夫道：『此计不可取，成皋是大王的成皋，孙膑是大王的谋臣，大王怎么可以于成皋而不顾，坐山观虎斗呢？』

司马大夫道：『庞涓有十万之众，孙膑声东击西也没赚到半点便宜，谁有把握战胜庞涓？』

有人在王宫门口道：『我……』

大家侧身看去。

风尘仆仆的太子站在宫门口。太子上前向韩王叩头施礼后，对韩王道：『父王，庞涓并不可怕，若不是父王急时招儿臣返回国都，儿臣早已杀回成皋，与庞涓一比高低。请父王下命，儿臣即刻率军杀奔成皋。』

韩王道：『太子别急，待寡人与大夫们权衡利弊，再作决断。』

太子急道：『军师常道：兵贵神速……而你们议来议去的，贻误战机，何人负责？』

韩王很是不快，骂道：『放肆！他们都是寡人的谋臣，是寡人请他们来议论成皋被围之事。』

太子道：『父王，儿臣可对宗庙内的祖先起誓，定败庞涓成皋城外！请父王发兵。』

韩王挖苦道：『上次也是你起誓，成皋还是丢在你的手里。』

太子不服，道：『儿臣用计牵制庞涓，军师趁此夺回成皋，儿臣已经将功补过。』

韩王道：『你们中了庞涓诡计，还蒙在鼓里……庞涓是以成皋作诱饵，引诱孙膑上钩……』

太子道：『父王，庞涓没有这么高明，父王可能是被庞涓吓住了。』

韩王是真的发火了：『胡说！天下没人能吓得住寡人！』

见韩王真的发火了，太子只好收敛了锋芒。

大夫们离开后，韩王对太子道：『寡人并不打算放弃成皋，也不准备抛弃孙膑，寡人之所以让大夫议论一番，是借他们的脑子，权衡利弊……这就跟商人做买卖一样，如计算不好，就会赔本，所不同的是，商人这次赔了，下次还能赚回来，可你若赔了，可就没有下一次了……』

太子道：『父王，你怎么知道儿臣会赔呢？』

韩王道：『天下大国的将军，除了孙膑，还没有一个人战胜过庞涓，如今孙膑又被困在成皋……为父不能不为你担心。』

太子很是不服气，道：『父王，没有孙膑，儿臣一样可以打败庞涓。』

韩王道：『太子，寡人欣赏你的勇气，但只是凭勇气是不能战胜敌人的，要战胜敌人必须靠智慧。』

太子问：『这么说，父王不打算出兵解救成皋之围了？』

韩王道：『不，兵要出，但不能鲁莽行事。』

太子不明白，问：『那父王的意思是……』

韩王道：『你率大军在距庞涓三十里外安扎营地，见机行事……若庞涓攻克成皋，你便按兵不动，为父想办法向庞涓要城；若庞涓久攻不克，你可乘其疲惫，与孙膑里应外合，设法退敌……』

太子惊道：『这样做，太对不起孙膑了吧……』

韩王道：『国家之争，只有国家利益，没有个人的感情……你知道这句话是何人所说吗？』韩王道：『是你的母后……一个女人都尚能有如此见解，我们男人，尤其是执掌国家的男人，难道还不如一个女人吗？』

太子想了想，道：『父王，儿臣明白了……』

太子是明白了，可是包括申大夫在内的所有的韩国的人都不明白为什么韩国的援军会在成皋三十里外按兵不动。

成皋的将军们问孙膑，孙膑也不知道其中缘由。

第三十三计　反间计①

原文

疑中之疑。比之自内，不自失也②。

按语

间者，使敌自相疑忌也；反间者，因敌之间而间之也。

如燕昭王薨，惠王③自为太子时，不快于乐毅。田单乃纵反间曰：『乐毅与燕王有隙，畏诛，欲连兵王齐。齐人未附，故且缓攻即墨④，以待其事。齐人惟恐他将来，即墨残矣。』惠王闻之，即使骑劫代将，毅遂奔赵。

又如周瑜利用曹操间谍，以间其将；陈平以金纵反间于楚军，间范增⑤，楚王疑而去之。亦疑中之疑之局也。

注释

①反间计，见《孙子·用间篇》：『反间者，因其间而用之。』杜牧曰：『敌有间来窥我，我必先知之。或厚赂诱之，反为我用；或佯为不觉，示之以伪情而纵之。则敌人之间，反为我用也。』这种运用敌人的间谍而达到自己目的的计策，叫做反间计。②比之自内，不自失也：《易经·比卦》：『象曰：比之自内，不自失也。』意思是：来自于内部的帮助，自己没有什么损失。比，依附，辅助。运用在此计中，有推动敌人生疑之意。③燕惠王：战国时燕昭王的儿子。燕昭王时，乐毅受重用，公元前284年率军为燕国复仇，大破齐国，先后攻取七十多城，只留即墨和莒两

城未攻下。后昭王死，燕惠王即位，中齐即墨守将田单反间计，改调大夫骑劫为将。乐毅被迫奔逃赵国。田单用火牛阵反攻，燕军大败。④即墨：地名，战国时齐国重镇。即今山东平度。⑤陈平间范增：陈平，汉朝名臣，有智谋。范增，项羽谋士。楚汉相争时，陈平为除去范增，巧设反间计，离间项羽和范增的关系。范增离军而亡。

译文

在疑阵中再布置一层疑阵。利用敌人的间谍来为我服务，这样自己就不会受损失。

（按语）间，就是使敌人互相猜疑、忌恨；反间，就是诱使敌人的间谍去离间敌人。

例如：战国时，燕昭王死后，因为燕惠王自从做太子时，就对大将乐毅不满。齐将田单便使用反间计，说：『乐毅和燕惠王有矛盾，害怕燕惠王杀他，想要联合齐国军队做齐国国王。只是因为齐国人还没有归顺他，所以他不急于攻打即墨，目的是等待时机成熟。现在齐国人只害怕燕国改派别的大将来，那么即墨就要失陷了。』燕惠王听后，立即改派骑劫去代替乐毅为统帅，乐毅只好逃到赵国去了。

又如：三国时，周瑜利用曹操派来的间谍蒋干进行反间活动，使曹操怀疑他的大将蔡瑁、张允并杀了他们。汉王刘邦的谋士陈平，用金钱收买楚军将士，散布谣言，离间西楚霸王和军师范增的关系。项羽因此怀疑范增，从而使范增离开了项羽。这也是在疑阵中再布疑阵的计策。

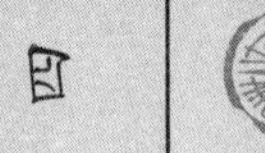

穆公利化由余投

春秋时代，由余原来是晋国的一个谋士，他聪明敏锐，学识广博，才华过人。但在晋国时却长期怀才不遇，遭到奸人忌妒，于是他便只得离开晋国，后来辗转投奔到了秦国西边的西戎国，被委以重任，成为国中的权臣。

秦国在西戎国的东边，当时西戎国主赤班见近邻秦国日益强盛，便派遣权臣由余，以使臣与间谍的双重身份，到秦国去考察出访及打探政治军事实情。由余奉命到达秦国之后，便得到盛情款待与贵宾礼遇。秦穆公任好（前659—621年在位），为显示秦国的富强并以此相利诱，便亲自陪同由余参观御花园和富丽堂皇的宫殿，但由余却笑而不语。穆公对此疑惑不解，便问。他说：『先生对这些有何观感？』由余不作回答，且反问说：『请问大王，大王的花园是人工建造？还是鬼神代劳所修的呢？』由余的反问，颇有讽刺之意。秦穆公一听很不高兴，便不耐烦地说：『你们戎夷人不懂得礼乐，又怎么能治理好国家呢？』由余则冷冷地回答说：『什么礼乐，它恰是中国长期战乱的原因。古时圣人制礼作乐，原本是约束民人，使其行为有所遵循。但现在有权势的人，却将礼乐作为掩饰自己劣迹的幌子。而我国戎国，人们不受礼乐的拘束，上下真诚相待，君王无为而治，不重刑，不扰民。这样，反而达到圣人所言的境界。这样看来，礼乐有何用。』结果，秦穆公听了之后，竟无言可对。他回宫后便向大臣百里奚复述了这一切。百里奚则说：『由余原本是晋国的大贤人，对此我早有所闻。』穆公又说：『邻国若有大贤人将威胁秦国，像由余这样的贤人为西戎谋事划策，实在太可惜呀！』百里奚则乘机禀告：『内史廖足智多谋，大王您可以请他商讨对策。』内史廖见了穆公后，果然出奇谋说：『西戎王赤班，身居边陲之地，孤陋寡闻，从未听过中国之乐声，若给他送去一队女乐，必使其沉迷于声色之中，而荒废政事。另外，可将由余盛情厚待，挽留一年，使其逾期不归。这样，戎王必然要对他心怀疑虑，而加以疏远。到那时，由余将会留仕秦国。』秦穆公采纳了他的建议，于是便精选了六名擅长音乐歌舞的宫中美女，送给西戎国王。戎王赤班一见，万分高兴，从此便每日白天狂歌欢舞，夜里则由美女伴寝，神魂颠倒，渐渐将政事疏怠了。而由余被秦国盛情款待一年之后，才回到西戎国。西戎国主怨他迟迟不归，且心有疑忌。加之由余归国后劝赤班不要过于迷恋女色音乐，更激起他的反感，便渐渐与他疏远。由余预感到西戎国难逃灭亡的命运，便有去投奔秦国之意。

不久，秦穆公派出间谍到西戎国与由余秘密见面，由余便投奔到了秦国。由余到了秦国以后，受到了秦穆公的召见，并封他为亚卿。由余在西戎是权臣，又参政多年，对该国的山川地形、军政内幕、人文实情，了若指掌。为了报答秦穆公的厚遇之恩，于是献出了攻破夺取西戎国的奇谋妙计，并请穆公派兵征讨。而秦军到达西戎国境后，由于敌情熟、山川地形又加以先前掌握，于是用兵有奇效显胜，迅即将西戎的十二国加以消灭。从此之后，秦国成为称雄西方的强国。

由余既是西戎国主派遣使秦的政治间谍，同时又是一位颇有才能、深知敌之内情的大贤人。因此，这样的人物，

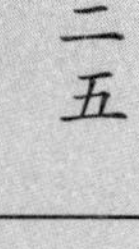

若为敌则将成害，贻患无穷，但若能利诱为己则将化害为利。秦穆公对此深有认识。他为了『利化』由余，采用如下手段。其一，以礼相款、盛情以遇来显示国之盛强与礼乐之道，以『礼』利化之；其二，施计换得留秦一年，迟迟归国，使之与国主离间有隙，而为避覆，有去秦之念，此乃以计利化之；其三，奔秦后，穆公召见，封以高官显职，使之有报效知遇之恩之意，此为以富贵利化之；其四，由余献灭西戎奇计谋略，秦王用之，收取大胜之效，此为化害而收实利。

晋国纵囚退楚军

鲁成公十六年（前575年），晋军在鄢陵把楚军逼入险境。楚国大臣叔山冉对养由基说：『虽然君王有命令，但为了国家，你一定要射箭。』养由基便向晋军射击，射了两次，被射的人都死了。叔山冉抓住晋兵投向晋军，砸在战车上，将车前横木砸断，晋军才停止了进攻。晋国囚禁了楚国的公子。

晋国大夫栾鍼望见楚国令尹子重的旌旗，便请求晋厉公说：『楚国的俘虏说，那面旌旗是子重指挥作战用的旗子，那大概就是子重。从前我出使楚国时，子重问我晋国的武勇表现在哪，我对他说：「喜好整齐，有条不紊。」子重又问我：「还有什么？」我回答说：「喜好从容不迫，弛张相宜。」现在两国交兵，不派使者，称不上做事按部就班；临战事而说话不算，称不上从容不迫。请您派人替我向子重敬酒。』晋厉公同意了。遂派使者携带酒具去向子重献酒，并说：『我们国君缺乏使臣，又让栾鍼持矛在身边侍候，因此不能前来慰劳您的部下，特派我来替他向您献

酒。』子重说：『栾鍼在楚国曾和我说过按部就班、从容不迫的话，肯定是这个原因，他的记性还真不错呀！』子重接过酒杯一饮而尽，送走使者又击鼓进攻，从早战到晚也没停止。

楚国司马子反命令军吏察看士兵伤情，补充好步兵和车兵，修整铠甲武器，阵列战车马匹，要求鸡叫时吃饭，绝对听从主帅的指挥。晋国士兵忧虑不安。晋国将领苗贲皇通令全军：『检查好战车，补充够士卒，喂饱战马，磨快武器，整顿战阵，巩固队列，早晨在寝席上吃饭，再次祈祷求胜，明天再战！』并有意放跑楚国俘虏。楚共王获得情报，忙召子反商量。谷阳竖献酒给子反，子反喝醉了不能见楚共王。楚共王说：『上天要使楚国战败呀！我不能坐以待毙。』便连夜逃跑了。

将遇良才，智者胜。楚兵不谓不多，将不谓不勇，然而乏智。晋国的栾鍼则以斗智为先，使人敬酒，表面上是不食言，而实际上是示以武勇，从心理上威慑对方。楚国修兵列阵，晋国针锋相对下战表，又故意让楚国的战俘逃走，传我信息，自然又是智高一筹。待到晋国买通内间，使楚将不能议事之后，楚王便成了孤家寡人，若不坐以待毙，则只好连夜溃逃了。

商鞅诈和魏中计

商鞅，卫国人，又称卫鞅，善用智谋韬略。起先在卫国谋事，因不能施展才华，便到魏国，遂委身相国公叔痤，公叔痤知道卫鞅才华出众，曾向魏惠王推荐，尚未被重用。后来，其友公子向魏惠王极为引见卫鞅，惠王仍然未予任

用。公叔痤病死之后，卫鞅听说秦孝公下令招贤，遂离开魏国到秦国，得到重用，实行变法，数年之间，使秦国大变，由弱变强，威震关东。

公元前353年，齐国与魏国交战，魏师大败。消息传到秦国，卫鞅知道这是削弱魏国的天赐良机，趁势向秦孝公说：『秦魏比邻之国，势不两存，非魏并秦，即秦并魏，魏大败于齐，可以乘机伐魏，魏不能抵挡，必然东迁，这样秦国可据山河之固，向东争取各诸侯，到那时秦国自然成为中国的霸主。』孝公欣然听从他的建言，任命卫鞅为大将，公子少官为副手，调兵遣将讨伐魏国。

秦军从咸阳出发，浩浩荡荡向东挺进，魏国驻西河守臣得到警报，急速向魏惠王告急求援，魏惠王召集文武群臣商讨御秦卫国之策，公子自我介绍说：『当年卫鞅在魏国时，与我友善，我曾向大王推荐卫鞅，大王不听，臣愿领兵前往，先与讲和，如若不许，然后固守城池，向韩、赵求救。』百官群臣都赞同他的意见。魏惠王当即拜任公子为大将，率兵五万，奔救西河。魏军行抵吴城安营扎寨，一切安排就绪，公子正要派人往秦营送信，请求卫鞅息兵罢战。守城将士前来禀报：『见有秦国大将卫鞅差人送信，正在城外恭候。』公子急忙命缒城而上，拆书一看，原来是卫鞅的亲笔信，大意如下：『我与公子相得甚欢，亲如手足。今虽各事其主，为两国之将，怎能忍心动武，互相残杀，我想与公子相约，双方撤兵，相会于玉泉山，乐饮而罢。使后人称我们两人之友情，如同管鲍。公子如肯俯从，幸示其期！』公子读罢信，喜形于色，非常感慨，说道：『正合我意，英雄所见略同。』于是厚待使者，立即回信，约定三日内相会。

卫鞅接到复信，知道公子已经上钩，说道：『我的计划就要实现。』再派信使入城确定会面日期，并告：『秦兵前营已经后撤，所乘兵马已派到左近山岭打猎。只待与将军相会，便全部撤回秦国。』同时派人携带旱藕、麝香赠送公子，说这两种物品是秦国的特产，旱藕有益于健康，麝香可以辟邪，聊志昔日之情，以表永结友好。公子更加感激卫鞅的情义，回信致谢。

卫鞅得到回信，确信公子无疑，将大军埋伏在玉泉山下，只听山上放炮为号，便从四面八方杀出，擒获魏国来人，不许放走一人。

到了相会的日子，卫鞅首先派人入城向公子禀告，他只带三百卫士，已经赶到玉泉山恭候。公子信以为真，也仅带三百人携带酒食，乘车前往玉泉山与卫鞅相会。卫鞅在山下列队相迎，公子见卫鞅的随从人员很少，并且没有兵器，坦然不疑，以为不是圈套。相见之际，各叙昔日交情，并谈到今日两国和解休战的重要性与迫切性，好不欢喜。两边都备有酒席，公子是东道主，首先向卫鞅敬酒，卫鞅叫两个手下人回敬公子。这两个人都是秦国有名的勇士，一个叫乌获，一个叫任鄙。他们正互相敬酒沉浸在友善气氛中时，卫鞅以目视左右暗示，瞬时只听山顶一声炮响，山下亦炮声相应，声震山谷。公子大惊，问卫鞅：『怎么会有炮声，你是否在欺骗我？』卫鞅笑着说：『暂欺一次，尚容告罪！』公子发现受骗，于是想逃跑，被乌获紧紧按倒在地，动弹不得，任鄙指挥左右把魏国的随从人员全部捉拿。

卫鞅吩咐将士把公子押上囚车，送到秦国，然后把魏国随从释放，并赐酒压惊，仍用原来车仗，让他们跟随乌获和任鄙进入吴城，谎称主帅赴会回来，让他们打开城门。从命者有重赏，抗命者斩首。公子的随从，谁不怕死，个个俯首听命。一切安排妥当，乌获假扮公子坐于车中，任鄙作护送使臣，乘车随后，城上魏军认得是自家随从，即时开门，让『公子』进城，那两员勇将一混进城，便杀散了守城士兵。随后卫鞅率领大军赶来，杀进城去，顿时城内魏军大乱，各散逃命，卫鞅纵军乱箭射杀。魏军听说大将被俘，溃不成军，弃城逃遁，卫鞅于是占领吴城，长驱而入，直逼魏国都城安邑。魏王闻讯，大惊失色，匆忙派遣大夫龙贾往秦军求和，卫鞅说：『魏王不能用我，我才出任秦国。蒙秦王之厚爱，尊为卿相，并以兵权交我，若不灭魏，有负重托。』龙贾说：『人常言「良鸟恋旧林，良臣怀故主」。魏王虽不能任用足下，然父母之邦，足下安得无情？』卫鞅沉思良久，言道：『若要我班师，除非将西河之地尽割于秦方可。』龙贾应诺向惠王报告。惠王只得屈从，当即令龙贾奉西河地图，献于秦军买和。卫鞅按图受地，凯旋而归。公子于是不得不降于秦。魏惠王感到安邑接近秦国，难以固守自安，于是迁都到大梁（河南开封市）。这是卫鞅利用他和魏国公子的旧交，玩弄因间计谋，诈和诱敌擒将，大败魏国，迫使魏惠王举国迁都的事例。

从计谋的实施过程看：公子听说秦军主帅是卫鞅，自告奋勇率军前来就有实施因间谋略的初衷，因为他的真实意图被诡计多端的卫鞅揣摸看穿，所以不但没有成功，反而被卫鞅所乘，因间而用，竟然没有察觉，结果以己身被擒而告失败。卫鞅反施因间之谋的高明之处在于：一是顺势利导，积极呼应，首先修书，以甜言蜜语，畅叙思念阔别之情，假示无意为敌，只想讲和休战，不断以所谓的友情为幌子，施放烟幕，麻痹对方，掩饰真正意图；二是派使馈赠礼物，奉上秦国所出特产，以示不忘昔日之情，以表永结友好，假示面晤之切，借势谎称秦军主力已经撤回，无意与其对阵鼓垒，进一步麻痹公子，使其信以为真；三是巧设『鸿门宴』，调虎离山，使公子落入精心策划的圈套，无法施展英雄用武之本色，犹如牢笼中的困兽，听人摆布，不得不束手就擒，坐以待毙。四是巧借『公子』，深入虎穴，里应外合，深谙诡道与兵不厌诈之术的活用以及政敌对抗的真谛。

第三十四计　苦肉计

人不自害，受害必真。假真真假，间以得行。童蒙之吉，顺巽也①。

按语

间者，使敌人相疑也；反间者，因敌人之疑，而实其疑也。苦肉计者，盖假作自间以间人也。凡遣与己有隙者以诱敌人，约为响应，或约为共力者，皆苦肉计之类也。如郑武公伐胡②，而先以女妻胡君，并戮关其思。韩信下齐而郦生遭烹③。

注释

①童蒙之吉，顺以巽也：《易经·蒙卦》：『象曰：童蒙之吉，顺以巽也。』意思是：愚昧的儿童虚心顺从老师的教诲，是吉祥的。运用在此计中，指要善于顺从敌人的心意行使计谋，就会成功。②郑武公：春秋时郑国的一位国君。胡，当时的边地胡人。关其思，主张伐胡的郑大夫。③韩信：西汉大将军。楚汉相争时，率大军征伐齐国。郦生，即说客郦食其。刘邦曾先派郦食其入齐劝齐王田广投降，齐王便撤掉城防，韩信趁机攻击，齐王便威胁郦食其阻止韩信出兵，郦食其不从，齐王便烹杀了他。韩信一举攻取齐国。

译文

人不会自己伤害自己，遭受伤害必然是真实情况。我们有意识创造一种真实情况，使敌方信以为真，离间计就可以实施了。按照蒙卦的启示，要善于顺从敌人的心意行使计谋，必然成功。

（按语）离间，就是使敌人互相猜疑；反间，就是利用敌人原有的猜忌心理，而使他们的猜忌变成现实。行使苦肉计的，是假作自己内部有了分裂而去诱惑离间敌人。凡是派遣与自己有仇恨的人去迷惑敌人，不论是相约作为内应的，还是相约共同起事的，都属于苦肉计一类的计谋。

如战国时，郑武公要讨伐胡国，却先把自己的女儿嫁给胡国国君，又杀了主张伐胡的大夫关其思。楚汉相争时，韩信进攻齐国，而郦食其却遭到烹杀。

经典事例

程婴杵臼救赵武

晋景公宠用佞臣司寇屠岸贾，整天游猎饮酒，不理朝政。这时梁山突然无故崩塌，屠岸贾乘机诬陷相国赵朔，晋景公就派屠岸贾率兵前去诛杀赵朔。赵朔的妻子庄姬是晋景公的妹妹，她身怀有孕，即将临产，赵朔自知难于幸免，就让庄姬到宫中母亲处避难，临别时，赵朔与庄姬约定，将来生下男孩，就取名为赵武，并委托家臣程婴养育。庄姬刚走，屠岸贾就领兵到来，将赵朔及其家人一百多口全部杀死。屠岸贾见单单少了庄姬，又听说庄姬有孕，就向晋景公要求搜宫。景公考虑到自己的母亲很喜欢庄姬，不便搜宫，但答应如果庄姬生下男孩，就将男孩处死。过不多久，庄姬在密室中生下了一个男孩即赵武。屠岸贾在宫廷内外密布明哨暗探，严密搜查，但每次庄姬都机智地将赵武藏过。屠岸贾找不到赵武，就悬赏千金捉拿赵武。

程婴见赵武在宫中处境十分危险，就同赵朔的另一个家臣公孙杵臼商量，定下了调虎离山之计，用牺牲他们的生命和荣誉来救赵武出宫。

一天，程婴跑去对屠岸贾说：『庄姬生下赵武后，找了个老太婆暗中抱出宫来，托我和公孙杵臼两个养育。我和公孙杵臼都是赵朔的家臣，我想万一公孙杵臼出面告发，那他就会得到千金的赏赐，而我却白白地断送了自己和家人的性命。因此我就来告发了。』他悄悄地告诉屠岸贾，公孙杵臼把赵武藏在首阳山深处，不久就要逃到秦国去。只有屠岸贾亲自出马立即前往，才能抓到。屠岸贾就让程婴领路率领大批人马直扑首阳山。经过迂回曲折的漫长道路，才在首阳山深处一条小溪旁边找到一座茅屋。程婴指着茅屋对屠岸贾说：『公孙杵臼和赵武就躲在这里。』程婴先上前敲门，杵臼开门出来，看见有这么多士兵，转身就想逃跑。程婴叫道：『你走不了啦，司寇已经知道赵氏孤儿藏在这里，现在亲自来捉拿，你还是赶快将赵武交出来吧！』兵士们一拥而上，把杵臼捆绑起来。屠岸贾问杵臼：『赵武在哪里？』杵臼说：『这儿没有赵武。』屠岸贾命令士兵搜查，在壁室中找到了一个婴儿，抱出一看，这婴儿的穿戴完全与权贵人家的婴儿一样。公孙杵臼一见婴儿被找到，就奋力来夺，但被士兵们死命抓住不能脱身。杵臼大骂道：『程婴，你这个卑鄙的小人！赵朔全家被杀时，我要你一同去与赵朔死在一起，你说为了养育赵氏孤儿应该活下去，现在主母把赵武托付我二人，你又贪图千金之赏，出卖了赵氏后代。我死算不了什么，看你死后有何面目去见赵朔。』公孙杵臼千小人、万小人地骂程婴，程婴羞愧得无地自容，就请求屠岸贾杀死杵臼。屠岸贾命令士兵砍下了杵臼的头颅，接着屠岸贾接过婴儿，使劲掷在地上，只听得一声啼哭，这婴儿就变成了一块肉饼。这时，程婴表面上显得若无其事，但内心深处却像刀绞一般痛苦。朋友的死难，世人的唾骂，更兼着被摔死的，正是程婴的亲生儿子，为了让赵武能出晋宫，程婴将自己的一个与赵武同月出生的儿子交给杵臼，冒充赵武，将屠岸贾引出都城。

屠岸贾离开都城后，对晋宫的监视就放松了，加上又找到了赵氏孤儿，就更松懈了对出入宫廷人员的盘查。一向与赵朔很要好的大夫韩厥乘机派心腹人员，假扮医生进宫给庄姬治病，把赵武藏在药箱里带出晋宫，藏在韩厥家中。程婴随同屠岸贾回到都城后，不愿领取千金之赏，也不愿做屠岸贾给他的官，悄悄地抱着赵武逃到盂山深处养育。程婴抛弃家庭，背负着千百万人的误解、唾骂，亲自耕作，教赵武学习文化知识，历尽了千辛万苦。经过十五年的艰苦历程，好不容易把赵武养育成人。晋悼公执政后为赵氏平了反，诛杀了屠岸贾等人，任命十五岁的赵武为司寇，嘉奖了程婴、杵臼的忠贞。

齐将苦心胜戎兵

春秋时代，齐厘公二十五年（前706年）夏，北戎的军队攻占了强盛的齐国的祝阿城，且又兵临历城之下。敌军

来势汹汹，并向齐国的纵深地带推进。齐厘公感到形势严峻，一面组织国人抵抗，另一方面则向郑、鲁、卫等诸侯国国君求救。郑庄公得到齐国国君的求援信后，便派大将世子忽率军前往救援，首先抵达齐国的历城城下。齐厘公便与世子忽共商退敌之计，决定利用北戎军队『胜不相让，败不相救，可诱而歼之』的特点，实施苦肉之计，『苦心』使招，诱人以利，使之上钩。接着，为引诱敌人，齐国将领公孙戴仲便首先将历城城门打开，出关向敌人挑战。北戎军队的统帅小良则立即率众迎击，两军交锋，战了有二十余个回合，各有胜负，但戴仲则渐渐装作不支的样子，便率齐军绕城向东路逃走。戎军的小良不知是计，便率大军紧追不舍。同时，北戎军队的另一个将领大良也率戎军跟进紧追。但当小良及部众抵达东门时，忽然从四处射出无数的箭矢和石头，直打得北戎军队人仰马翻，不能行进。这时，小良才醒将过来。并大声呼叫：『我们中计了！』便拨转马头向后撤，但却遇上戎军另一部将大良所率的人马，正蜂涌逼进，真是进不得进、退不得退，互相践踏，死伤无数。而大良、小良则冒着乱箭、矢石吼叫着部队向后撤退，而齐将公孙戴仲和埋伏的齐兵则合兵加以追击。北戎军队逃到鹊山时，又遭到预先埋伏在那里的郑国大将世子忽所率的郑军的阻击。结果，在齐、郑两军的夹击合围之下，北戎军队的统帅小良被乱箭射死，另一将领大良则被世子忽所斩杀。中了齐、郑两国所设的『苦肉计』的北戎军队，只落得个全军覆没的下场。

要离博信刺庆忌

春秋时期，吴王阖闾刺杀了吴王僚登上王位以后，吴王僚的儿子庆忌，逃奔在国外，招募勇士，伺机复仇。阖闾深知庆忌胆量与武艺高强过人，故对他经常活动极为忧虑，为除政治隐患与强敌，决定派勇士行刺庆忌。对此，伍子胥向他推荐身材矮小、腰大貌丑的勇士要离。要离为『博信』庆忌，便采用了苦肉计，故意智激吴王以残己。

有一天，伍子胥与要离一起，入朝拜见吴王，并要举荐要离为将军，统率吴军去进攻楚国。吴王一听，便怒斥伍子胥：『此人身矮力弱，杀鸡无胆，骑马无威，怎能带兵打仗？』要离则呈奏说：『大王可谓忘恩到极点了，伍子胥为大王安定了江山，大王却不肯替他报楚王的杀父之仇。』吴王听后，便勃然大怒，说：『这是国家大事，非你所知，居然还敢当面责辱寡人，真是岂有此理。』当即命人将要离的右臂砍了，且下狱治罪，并拘留了他的妻子。

过了不久，伍子胥暗叫狱官放松对要离的监视，要离趁机越狱跑了，吴王则趁机下令将要离的妻子斩首示众，以示惩戒。而当要离逃出吴国后，探知庆忌在卫国，便投奔而去，且沿途逢人便诉说自己的冤情。到了卫国见到庆忌后，庆忌先是怀疑诡诈，不肯收容，直到亲见他被吴王致残的右臂，方才相信，且问他投奔自己的意图何在。要离则说：『臣闻阖闾杀了公子的父亲，夺了王位，现在公子联合诸侯，想复仇雪恨，所以特跑来投靠您，虽不能替公子冲锋陷阵，但做向导还可以，因为我对吴国的山川地形还是十分熟悉的。只要能为公子报仇，我亦雪了吴王杀妻之恨，也就算是心满意足了。』但庆忌仍未敢对他深信，直至心腹报告了，要离之妻确被吴王斩首示众了，这时，庆忌才对要离逐渐深信不疑。接着，庆忌便要要离献如何才能复仇之计。庆忌说：『阖闾用伍子胥和伯嘉为谋士，选将练兵，国内大治，我兵微力寡，怎能与他抗衡？』要离则回答说：『伯嘉不过是个无谋之辈，只有伍子胥算个智勇皆备的人

才，但却与阖闾貌合神离。』庆忌则追问其原因。要离答道：『伍子胥之所以尽力帮助阖闾，目的在于想借吴兵以伐楚，为其父兄报仇雪耻。但现在楚平王已死，仇人费无极也亡故了。阖闾则要安于王位，天天只顾沉湎于酒色之中，不想替伍子胥复仇了。前不久，伍子胥曾保荐我率兵去伐楚，吴王便曾当面斥责他，且加罪加害于我。由此伍子胥便对阖闾积怨颇深。这次越狱逃跑，也是伍子胥买通狱官才成功的。他曾当面叮嘱我：「你此去先面见公子，察看动静。若肯为我伍子胥报仇，愿做内应，以赎过去杀君之罪。」公子如果现时还不肯发兵入吴，更待何时呀？』说完便在地上撞头，且俯地大哭。庆忌听罢，则表示愿听他的话，答应在短期内伐吴起兵。接着，又将要离带回自己的根据地艾城，将他作为心腹，且委派他去负责训练军士，修治兵船。三个月之后，庆忌果然兴兵伐吴，分水陆两路向吴国进军。进军中，庆忌与要离同坐在一条兵船上，船到中流，但后面的船却忽然跟不上来。于是，要离趁机对庆忌说：『公子可在船头坐镇，这样，船工们便不敢不卖力了。』只见庆忌坐在船头，要离则用一只手持戟侍侧于一旁。突然水上起了一阵怪风，而要离则转过身去，猛然一戟插在庆忌的心窝之上，直穿出后背。庆忌见自己遇刺，便拼命反抗，将要离两脚倒提在水中沉溺三次，再苦笑说：『你可算是个勇士，连我都敢行刺。』左右兵士要将要离刺死，但庆忌则说：『此乃勇士也，放他走好了。』说完，自己也因流血过多，伤势过重，倒地而死。而要离见自己所施苦肉计，已获成功，任务已经完成，便也夺剑自刎身死了。

要离为了完成自己身肩的政治使命和任务，首先是必须接近吴王的政敌庆忌；其次则是要取得他的信任；最后，则是为其出谋划策，牵着他的鼻子走，且乘其不防，攻其不备，置之于死地。为『博信』于庆忌，要离使用了颇为高妙，且具极大迷惑性的『苦肉计』政治手段：一是佯激吴王，使之激怒，然后为其断右臂，以示惩戒；二是使吴王狱系要离，使之成为阶下囚；三是吴王斩杀要离之妻以示众，使之更欠政治血债。这三部曲中，导演是伍子胥（伍员），引荐者、放囚者、诡称『离德者』（与吴王）均是他。此三步曲实施后，果然庆忌对要离深信不疑，并将他视为政治『知己』，引为心腹；接着，便按要离所设『伐吴』政治圈套行事。在『伐吴』途中的船上，要离则乘庆忌不防不备，将其刺死。而自己在实施此计中，也付出了断臂、妻斩、杀身的沉重代价。

第三十五计　连环计

原文

将多兵众，不可以敌，使其自累，以杀其势。在师中吉，承天宠也①。

按语

庞统②使曹操战舰勾连，而后纵火焚之，使不得脱。则连环计者，其法在使敌自累，而后图之。盖一计累敌，一计攻敌，两计扣用，以摧强势也。如宋毕再遇③，尝引敌与战，且前且却，至于数四。视日已晚，乃以香料煮黑豆，布地上，复前搏战，佯败走。敌乘胜追逐，人马已饥，闻豆香，乃就食，鞭之不前。遇率师反攻，遂大胜。皆连环之计也。

注释

①在师中吉，承天宠也：《易经·师卦》：『象曰：在师中吉，承天宠也。』意思是：统帅若能持中不偏，没有差错，就受到天子的宠爱，吉祥。运用在此计中，指统帅若能正确运用此计，就会取得战争的胜利。如同得到天神的帮助一样。②庞统：三国时人，字士元，号凤雏。当时与诸葛亮齐名，后归刘备为谋士。赤壁之战时，却假装投奔曹操，为他设连环战舰之计，曹操中计，遭周瑜火攻，大败。③毕再遇：南宋名将，字德卿，有勇有谋。

译文

敌军的将领众多，兵力强大，不能够和他硬拼，应当想法使他们自相牵制，从而削弱他们的威力。将帅若能正确运用计谋，战胜敌人，就会如同得到天神帮助一样。

（按语）三国时，庞统怂恿曹操把舰船用铁链勾连起来，而后周瑜却纵火焚烧，使舰船不能逃脱。可见连环计的方法就是先让敌人自相箝制，然后再谋取他们。一计箝制敌人一计攻击敌人，两计前后配合运用，用来摧毁强大的敌人的威胁。

再如宋代抗金名将毕再遇，曾经引诱敌人和他作战。他忽而前进，忽而后退，一连四次。看看天色已近黄昏，他便命令把用香料煮好的黑豆撒在阵地上，又上前挑战，并假装败退。敌人乘胜追击，但他们的战马已经饥饿，嗅到豆子的香味，立即觅食起来，用鞭子抽打也不肯走动。这时，毕再遇率领部队反攻，于是大获全胜。这些都是连环计的运用。

经典事例

一箭五雕行连环

子贡是孔子的学生，在常人眼里不过是一介书生，但却因心中有纵横之计而名扬天下。

这一天，孔子正在讲学，一个弟子慌慌张张地跑了进来：『先生，不好了，不好了！齐国的田常要出兵打鲁国了！』

孔子一听顿时出了一身冷汗：『这个，这个，我的祖坟全在鲁国，你们可要出来管一管呀！』

这时，子路站了起来：『先生，让我去吧，我会让他们收兵的。』

『你，你不行啊！』

子石说：『先生，那就让我去吧。』

『你也不行，我看还是子贡去吧。』孔子点了子贡的将。

于是，子贡坐着马车前往齐国，见到了田常便说：『将军要打鲁国，那绝对是错误的。』

『你说错在什么地方？』田常问。

『你看它的城墙又破又低，它的土地又小又穷，它的国君又蠢又笨还不仁义，它那一帮大臣也都是没用的东西，它的士兵和老百姓也都不乐意打仗，就凭这些你也不能和他们打呀！』

田常看着子贡，越听越不明白，只好耐着性子听他说下去。

『你不如去打吴国，吴国的城墙又高又厚，土地宽广肥沃，兵甲坚固，士兵都是经过专门训练的，这些都是吴国容易被攻克的原因。』

田常听了大怒：『你这是什么混账道理，这就是你想告诉我的吗？』

子贡说『你不要生气，你听我说，打鲁国是好取胜，可是取胜之后，必然要使国君骄傲起来，君臣也就会更加放肆，这样一来齐国就危险了。如果去打吴国不能取胜，士兵和将官死在外边，国内没有强臣做你的对手了，下边也没有人指责你的过错，治理齐国也就只有你了！』

田常一听连连点头：『可是我已经把兵派到鲁国去了，再叫他们去吴国已经来不及了。』

『这个好办啊，我去见吴王，叫他们出兵救鲁伐齐，你那时再出兵战吴国。』

子贡又匆匆跑到了吴国，一见到吴王，他就振振有词地说道：『我听说，做国君的不能没有后代，称霸业不能有强大的对手，如今齐国要占领鲁国与吴国争霸了，我私下里为大王担心啊！如果解救了鲁国，就等于困住了齐国。』

吴国想了想说：『这样好是好，可是我正准备打越国，还是等我打完了越国再说吧！』

『这就是大王的不对了，越国的强大不如齐国，大王进攻小小的越国，而不敢进攻齐国，这可不算勇敢啊！再说了，如果解救了鲁国，别的国家都知道大王的实力，便会竞相归顺，大王的霸业也就成了，如果大王不愿放过越国，我可以去劝越王随大王一块儿出兵。』

吴王一听十分高兴，就叫子贡去越国当说客。

子贡到了越国，越王勾践听说子贡来了，大老远的修了一条路，并跑到郊外来迎接他，亲自驾车接到了宫中。子贡说：『吴国现在正要和齐国打仗，如果它战胜了齐国，必然要进攻晋国，这时大王就可以趁机进攻吴国了。』

越王听了子贡的话，连连称是，并送了许多黄金给子贡，子贡全都谢绝了。

子贡回到吴国，向吴王说：『我已经把大王的话告诉了越国，越王十分恐惧，他说吴王的功德，他到死也不敢忘记，哪里还敢图谋不轨啊！』

吴王听了子贡的话，哈哈大笑起来。

于是，吴王率领九郡的兵力去进攻齐国。

这时子贡又赶到了晋国，对晋国国君说：『如今吴国就要与齐国打仗了，如果吴国打败了齐国，吴国必将兵临晋国。』

晋国国君大惊：问道：『那我们应当怎么办呢？』

子贡说：『没有别的办法，修造武器，休养兵士，做好与吴国打仗的准备！』

吴国的军队在艾陵与齐国军队展开了大战，齐军大败，吴军一连活捉了齐军七员大将，并一鼓作气攻到了晋国。

吴晋两国军队在黄池相遇了，吴王因打了胜仗并不把晋军放在眼里。而晋军因听从了子贡的劝告，早已作好了战斗准备。两军一阵厮杀，晋军越战越勇，吴军吃了败仗。

越王听到吴军被打败的消息，马上带领部队渡江进攻吴国。

吴王听说越王进攻到了吴国，破口大骂起来：『勾践这个无耻小人，看我这次非杀了他不可！』吴王率残部急急返回吴国。在五湖正遇上进犯的越军，一连三战，吴军越打越无力，而越军越战越强，一直杀进了王宫，吴王夫差被杀死在宫中。

灭亡吴国之后，越国开始在东方称霸。

子贡一次出使，本意在保全鲁国，却由此引起一串连锁的反应。鲁国平安无事，齐国却遭战乱之苦，吴国彻底灭亡了，晋国成了战胜国，日益强大起来，越国从亡国中再次崛起，成为霸主。子贡一番连环计，可谓前无古人；一番巧舌如簧，十年之中，五个国家各有千秋，出现了命运大回转。

田单连环复失城

即墨保卫战，发生在公元前279年，齐将田单以火牛阵大败燕军，收复被燕军占领的七十余城。

公元前284年，燕国大将乐毅挂帅，统率燕、秦、韩、赵、魏五国之兵大举伐齐，所向披靡，连克七十余城。齐国只剩下莒（今山东莒县）、即墨（今山东平度东南）两城，未被攻下，危在旦夕。时齐王被杀，齐臣王孙贾等立其子法章（即齐襄王）为王，号召民众起来抵抗。乐毅攻莒和即墨一年未克，改用攻心战，命燕军撤到距两城九里处设营筑垒，并下令『对出城的居民不予拘捕，允许恢复旧业得以安民，对有困难的居民，还加以赈济』等。由此形成了

相持局面。

即墨为齐国较大的城邑，地处富庶的胶东，近山靠海，物资丰富，有坚固的城池和一定的人力用于防守。即墨的军民在守将战死之后，共推田单为将。田单是齐王室的支系亲族，早先在国都临淄（今山东临淄市东）的市场管理机构中任一般官吏，有卓越的军事才能，但并不为人所知。田单为将后，为了挽救危机，即着手将城中军民重新组编，将所带的新兵及收容的七千余人加以整顿和扩充，加强了防守力量。将自己的妻妾和家人也都编入部队参加守城；田单自己与守城军民共甘苦，同生活，同战斗，并经常针对士卒重视祖先，热爱乡里的心理特点，鼓舞士气，动员群众，他说：『如即墨失守，齐国灭亡，宗庙被毁，祖宗的灵魂将无处安身，自己的灵魂也将无处可归』（《战国策·齐策大》）。以此来激励士卒的战斗情绪，而深得人心。就这样即墨与莒两城硬是在燕军的包围圈中，熬过了三个年头。

燕军统帅乐毅采用政治攻心战，田单深为忧虑，害怕发展下去，必将动摇人心。公元前279年，十分信任乐毅的燕昭王去世，其子立，即燕惠王继位，惠王还是太子的时候，就对乐毅有成见，田单了解这一情况，认为有隙可乘，遂针对燕惠王对乐毅不满和不信任的心理，派间谍去燕都散布谣言说：『齐王已死，燕军不能攻占齐国的最后两座城堡，是什么原因呢？就是因乐毅与燕国的新王有矛盾，他怕自己遭诛而不敢回燕国，以攻齐为名，控制住军队想当齐王。现在齐国的百姓还没有都归顺他，所以乐毅故意慢慢地攻打即墨，以待时机称王。齐国人现在已经不怕乐毅；最害怕是燕国又换其他将领来。』燕王本就与乐毅有隙，又见乐毅三年没有攻下即墨和莒，早就怀疑乐毅另有图谋，一听到人们传来的这些流言，便信以为真，派骑劫为帅去代替乐毅，并召乐毅回国。乐毅明白燕王的用心，自知回国难免有杀身之祸，便投奔了赵国。燕军不但失去了一位多谋善战，富有将才的统帅，重要的是全军将士都为乐毅气愤不平，造成了燕军的军心涣散。这就为即墨保卫战的胜利提供了有利的条件。

骑劫上任，不管三七二十一就指挥燕军强攻莒和即墨，仍然不能得手。田单知道骑劫有勇无谋，但即墨被围年久，城内军民人心未定，还不具备反攻条件，于是采取了一系列措施，来激发齐国军民的斗志。

(1) 假以『神命』号召军民。田单为了团结内部，统一行动，进一步针对士卒迷信思想浓厚，敬畏鬼神的心理，他利用城中人祭祀先祖时，飞鸟都飞来取食，散布说这是神来教导传授神的旨意。暗令一名机敏士卒假冒『神师』，每次下达命令都宣称出自『天神之命』，使全城军民都统一在『神师』号召之下。

(2) 假手燕军来激发齐军民的斗志。田单针对燕军统帅骑劫粗暴无知，而又急于求胜的心理，他派人扬言：『我们别的都不怕，只怕燕军俘虏我们的士卒割去他们的鼻子，把他们放在队伍前面，来和我们作战，即墨人看了就害怕，即墨就再也不能守了。』骑劫强攻即墨与莒不下，正想采用恐怖手段来打击齐军的士气，苦于没有什么好的办法，他一听到齐人散布的这个消息，便非常高兴，立即命令部下将投降过来的齐军士卒的鼻子全部割掉，又将这些降

卒排列在阵前让即墨守军观看。即墨城中的军民看到燕军如此残酷地对待俘虏，人人愤怒不已，坚定了固守城池的决心。

(3) 怂恿燕军挖坟，进一步激发军民的仇恨。田单又令间谍散布说：『我们别的不怕，就担心燕军挖我们祖先的坟墓，毁坏我们祖先的尸首，这样即墨城里人就会很寒心，很悲恸地，无心守城。』骑劫闻讯，觉得这办法妙不可言，更可以震撼齐人，动摇他们的信心，便又令『燕军尽掘齐人的祖坟，焚尸烧骨』。城中齐人从城头上远远望见燕军这种丧尽天良的暴行，无不痛心疾首，号啕大哭，全体军民愤怒万分，人人义愤填膺，一致要求要与燕军决一死战。

(4) 示弱佯降，进一步麻痹燕军。田单认为这时齐军民的心理状态，正是用以杀敌的最佳时机。遂一方面积极进行一系列反击战的准备工作；一方面为了更好地麻痹敌人，隐蔽自己的企图，出其不意，攻其不备，以收最佳效果。田单命令强壮士卒隐蔽城内，而由老弱、妇女轮流登城守备，使燕军以为城中齐军已损伤殆尽了，不得不用老弱妇女来守城。又派使者见骑劫，表明齐军食尽再无力量守城，将于某日投降；并派人从民间收集黄金千镒，令即墨富豪悄悄地赠送给燕军将领，『嘱以城下之时，求保全家小』。燕将大喜，受其金，『各付小旗使插于门上，以为记认』。这样使骑劫认为自己的威慑手段生效，更加骄傲轻敌，完全放弃了警惕，坐待齐军投降。

就在骑劫洋洋得意，燕军翘首等待齐军出降之际，齐军正在加紧进行临战前的一切准备，田单命令部队尽收全

城黄牛共千余头，披上绘有五彩龙纹的外衣，在牛角上绑上锋利的尖刀，尾部上扎着浸透油脂的芦苇，拖后如巨帚，预约降前一日，安排停当。众人皆不解其意。出战之日田单椎牛具酒，候至日落黄昏，召集已选拔的五千余名精壮士卒，在城根部挖好几十个洞穴，将牛伏于穴内待机出击；士卒饱食，以五色涂面，各执利器，跟随牛后。在统一号令下，点烧牛尾芦苇，火势渐迫牛尾，牛疼痛不已，从洞穴中狂奔而出，直扑燕军营垒，形成一个有一定正面和纵深的火牛阵，以排山倒海之势冲向燕军；五千余名精壮勇士紧追牛后冲杀；全城的军民都敲打着铜器呐喊助威，声势震天动地。燕军正高兴来日受降入城，皆安寝。正在熟睡中，突然被震耳欲聋的声响惊醒，看到一团团帚炬千余，光明照耀，如同白日，望之皆龙文五彩的怪物突奔前来，角刃所触，无不死伤，军中大乱。那一伙壮卒似天神，不言不语，大刀阔斧，逢人便杀，遇敌即砍，虽只五千人，慌乱之中，恰像数万。向来燕军听说有『神师』下凡，今日神头鬼脸，更信以为真，不禁张慌失措，纷纷夺路逃跑。慌乱中的燕军，互相践踏，燕军彻底溃败，兵死将亡，遍地皆尸，骑劫也在混乱中被田单杀死。田单见奇袭得手，便纵军乘胜追击，燕军兵败如山倒，一发而不可收拾，原所占齐国七十余城，悉被齐军收复。

慎子三计保东土

楚怀王死了。这以前，楚太子在齐国为人质，现在要回国继承君位。齐王见有利可图，便乘机要挟楚国献出东部五百里土地，方可放回太子。太子退下，向慎子求救。慎子说：『先答应齐国的要求，余下的事以后再

说。』

太子回国继了君位，封号楚襄王。没多久，齐国派使者找上门来，向楚国索要先前答应的五百里土地。襄王很为难，又向慎子讨教。慎子回答说：『请召集群臣，看他们怎么说。』子良进来，说：『过去答应了，现在不给，是不讲信用，将不能以此约结诸侯。应当先给，然后再攻取。给他，表明我们说话算数；攻打他，证明我们武力强大。』子良退出，昭常进来，说：『楚国所以称为万乘（拥有万辆兵车的国家），是因为地盘广大。如今割去东部五百里地方，楚国就去了一半，有万乘之名而无千乘之实，这怎么可以呢？坚决不能给！我请求去为大王守土尽责。』昭常退出，景鲤进来，也说不同意给，并提请派人向秦国求救。楚王觉得三人说得都有理，一时举棋不定。

慎子进来，楚王把子良、昭常、景鲤三人的话转告给他，并且说：『众说纷纭，我将何所适从？』慎子从容地说：『谁的都听。』楚王立刻拉下脸来，说：『这话是什么意思？』慎子说：『臣请用事实验证他们的说法都是对的。』楚王看他诚心诚意，并不似在开玩笑，于是委派子良到齐国去献地，又派遣昭常守卫所献之地，再派景鲤向秦求救。一切按三人意愿行事。

子良到了齐国，齐国派兵去楚东部接管地盘，昭常不给，说：『我奉王命守土尽责，决心与国土共存亡。如果你们一定要想得到这块土地，那么我将倾注所有的力量，上至六十岁的老人，下至三尺高的儿童，组成三十万大军，与齐军相周旋。』齐王责备子良要花招。子良说：『楚王命令授与齐国土地，昭常不给，是抗诏，请大王攻打好了。』

齐王果然大举兴兵，攻打楚国的东地。齐军正要跨过疆界，秦国出动五十万大军兵临齐国。齐王害怕后方有失，就让子良南归楚，并派使者去秦国求和，齐国的兵患才得以解除，楚国的东地也就保住了。

第三十六计　走为上

原文

全师避敌①，左次无咎，未失常也②。

按语

敌势全胜，我不能战，则必降、必和、必走。降则全败，和则半败，走则未败。未败者，胜之转机也。

如宋毕再遇与金人对垒，度金兵至者日众，难与争锋。一夕拔营去，留旗帜于营。预缚生羊悬之，置其前二足于鼓上。羊不堪倒悬，则足击鼓有声。金人不觉为空营，相持数日。及觉，欲追之，则已远矣。可谓善走者矣！

注释

①避敌：避开敌人，指有计划地撤退。②左次无咎，未失常也：《易经·师卦》：『象曰：左次无咎，未失常也。』意思是：暂且撤退，免遭伤害，也没有失去用兵的常理。

译文

全军有计划地退却，以避免和强敌对抗而遭受损失。这么做并未脱离正常的用兵法则。

（按语）如果敌方形势占绝对优势，我方不能战胜他，那只有投降、讲和、退却三条路可走。投降，是彻底的失败；讲和，是一半失败；退却，是没有失败。没有失败，就是取胜的转机。

例如宋朝毕再遇建造工事和金人对抗，估计前来攻打的金兵日益增多，难以抵抗，他便在一夜之间全军撤离阵地，只留下旗帜在军营里。并预先把活羊倒吊起来，将前边两条腿放在鼓上。羊忍受不了，两条腿不停乱动，把鼓敲得咚咚直响。金人因此而不知已是一座空营，还相持了几天，等金人发觉后，想要追击时，宋军已去得很远了。这可以说是善于退却的战例了。

经典事例

重耳避祸游诸国

春秋时，晋献公得到新宠骊姬姐妹，姐妹各生一子，这样就涉及到继承人为谁的问题。晋献公有八个儿子，其所谓贵生者有五个，即长子申生，次子重耳，三子夷吾，以及骊姬姐妹生的奚齐、悼子。

献公在未得到骊姬时，就将长子申生立为太子，成为法定的继承人。在母以子贵、妻以夫荣的古代，妇女所依托的就是子与夫。现在献公年老，在世时间无多，而骊姬正年轻，所寄希望的当然是在已生之子奚齐身上。然而，奚齐为公子，终不能继承公位，一旦献公撒手而去，奚齐所得甚少，骊姬也难得显贵，其害太子而谋己子继承，也自然就付诸行动。

在骊姬姐妹的怂恿下，献公有了废太子之心。在当时太子为国之本，无故废太子是要受到多方面的责难和制约的，献公也不能马上决定，故此采用如下步骤：

首先，献公建立上下二军，自己将上军，让申生将下军，明为重用，实欲寻找申生的过失，以便废之有名。这一点为大夫芳看出，对别人说：『太子不得立矣。君主改其制，而不让太子公患难；轻视太子所任，而不考虑太子的危险。君主有疑心，太子怎能久在其位？』于是他为申生出了一计，『与其勤而不入，不如逃之。』就是走为上。申生对父亲抱定愚忠，不肯离去，结果『谗言弥兴』，处境危险。

其次，献公让太子帅师，赐予他自己所穿的衣服，佩以金印，按照君主的待遇出征。这样做看是推崇，实是欲加罪于他。当时大夫狐突认为：『君有心矣。』梁余子养认为：『死而不孝，不如逃之。』当然，申生是不能接受这种建议，而是采取『修己而不责人，则免于难』的对策，暂时渡过这次危机。

再次，献公命太子去曲沃，重耳去薄城，夷吾去屈邑，奚齐去绛地，分别驻守在外，在表面上看是一视同仁，实际上是在疏远太子，以便寻找其过失。当时仆人赞说：『太子殆哉！君赐之奇，奇生怪，怪生无常，无常不立。』更何况君主『恶其心，必内险之；害其身，必外危之。危自中起，难哉！』

经过如上步骤，献公认为可以废掉太子，另立骊姬之奚齐，并将此想法告诉骊姬，希望骊姬高兴。不想骊姬听而泣下说：『太子之立，诸侯皆已知之，而数将兵，百姓附之，奈何以贱妾之故废嫡立庶？君必行之，妾自杀也。』献公讨个没趣，却因此对骊姬更加信任。

其实骊姬何尝不想让自己的儿子当继承人？只不过她的手法比献公更高明一些，采用的是『佯誉太子，而阴令人

谮恶太子』的策略。

公元前656年，骊姬对太子申生说：『君梦见齐姜（申生生母），太子速祭曲沃，归厘（祭品）于君。』申生怎敢违背后母之命，便赶到曲沃祭祀，将所祭的肉类贡献给父亲。是时献公出猎未归，祭品放了两日，使骊姬得以从容下毒。献公回来，看见儿子送来的祭品，便欲食之，骊姬急忙拦阻说：『胙所从来远，宜试之。』便将酒泼于地上，地上马上隆起；将肉喂犬，犬即刻便死；与在旁的小臣食，小臣也死。这时骊姬便哭泣道：『太子何忍也！其父而欲弑代之，况他人乎？且君老矣，旦暮之人，曾不能待而欲弑之！太子所以然者，不过以妾及奚齐之故。妾愿子母辟之他国，若早自杀，毋使母子为太子所鱼肉也。』凄凄切切，早使献公心疼不已，杀太子之意也就由此而生。

骊姬所言，有人告之申生，申生登时不知所措，急忙逃回自己驻守的曲沃城。急来一走，实不是上计，故当时有人对申生说：『为此药者乃骊姬也，太子何不自辞明之。』申生辩白说是不想招父怒，故而出走。人劝说道：『既然要走，可奔他国。』申生想了一阵，实在难有出路，便说：『被此晋名以出，人谁内我？我自杀耳。』竟自杀以报生父。

正在此时，重耳和夷吾来朝。这二人现在是奚齐继位的竞争对手，骊姬当然不能放过，便在献公面前谮害二人。二人听到风声，连父亲也不见，急忙出走，各回自己的驻守地，严兵自守。

以一封地之力对抗一国之力，当然是难以抵挡，不得不自谋生路。当献公之兵临蒲地之时，重耳逾垣而走，逃往翟国，而后游历各国，在秦国的支持下回国嗣位，是为晋文公。献公之兵压向屈邑时，夷吾凭借坚城，顽强抵抗，坚持一年而溃，最后逃往梁国；献公死后，国内大乱，奚齐、悼子先后被杀，夷吾在秦穆公发兵护送下回国即位，是为晋惠公。

文公败楚退三舍

春秋初期，楚国日益强盛，楚将子玉率师攻晋。楚国还胁迫陈、蔡、郑、许四个小国出兵，配合楚军作战，此时晋文公刚攻下依附楚国的曹国，深知晋楚之战迟早不可避免。

子玉率部浩浩荡荡向曹国进发，晋文公闻讯，分析了形势。他对这次战争的胜败没有把握，楚强晋弱，其势汹汹，他决定暂时后退，避其锋芒。

于是对于外假意说：『当年我被迫逃亡，楚国先君对我以礼相待。我曾与他有约定，将来如我返回晋国，愿意两国修好。如果迫不得已，两国交兵，我定先退避三舍。现在，子玉伐我，我当实行诺言，先退三舍（古时一舍为三十里）。』

他撤退九十里，仗着临黄河，靠太行山，相信足以御敌。他又在事先派人往秦国和齐国求助。

子玉率部追到城濮，晋文公早已严阵以待。晋文公已探知楚国左、中、右三军，以右军最薄弱，右军前头为陈、蔡士兵，他们本是被胁迫而来，并无斗志。

子玉命令左右军先进，中军继之。楚右军直扑晋军，晋军忽然撤退，陈、蔡军的将官以为晋军惧怕，才要逃跑，就紧追不舍。忽然晋军中杀出一支军队，驾车的马都蒙上老虎皮。陈、蔡军的战马以为是真虎，吓得乱蹦乱跳，转头就跑，骑兵哪里控制得住。楚右军大败。晋文公派士兵假扮陈、蔡军士，向子玉报捷：『右师已胜，元帅赶快进兵。』子玉登车一望，晋军后方烟尘蔽天，他大笑道：『晋军不堪一击。』其实，这是晋军诱敌之计，他们在马后绑上树枝，来往奔跑，故意弄得烟尘蔽日，制造假象。子玉急命左军并力前进。

晋军上军故意打着帅旗，往后撤退。楚左军又陷于晋国伏击圈内，遭到歼灭。等子玉率中军赶到，晋军三军合力，已把子玉团团围住。子玉这才发现，右军、左军都已被歼，自己已陷重围，急令突围。虽然他在猛将成大心的护卫下，逃了性命，但部队伤亡惨重，只得悻悻回国。

这则故事中晋文公的几次撤退，都不是消极逃跑，而是主动退却，寻找或制造战机。所以『走』，是上策。

审时度势勇退身

身怀匡扶社稷的才智，具有极高的军事、政治才干的人，自古并不多见。吴国的杰出军事家孙武就是这样的。但他更为人称道的不是他的赫赫功业，而是他知道忍受权利的引诱，善忍苟禄之心，激流勇退的品质。

孙武不仅是位杰出的军事家，还是位伟大的思想家。他面对风起云涌、危机四伏的政坛能够审时度势，在功成名就之时，激流勇退，善始善终，留得一世清名。

孙武，原是齐国人，田姓。其祖父是齐国的大夫，在战争中立过大功，孙姓是齐景公为表彰他的战功而赐予的。后来，由于田氏家庭与其他家庭之间发生争斗，结下仇怨，孙武为了避难，来到了吴国。

孙武少年时代就勤奋好学，特别喜欢听别人讲故事，故事的内容大多是关于战争的。孙武所处的年代，正是中国古代社会最动乱的时候，战事频仍，难得有太平盛世，所以，很多事情都与战争有关联。

孙武听故事，不是为了满足好奇心，每次听故事都要寻根问底，得知究竟，然后还要细心品味。从故事中找出失败和胜利的原因。

久而久之，他发觉故事里有许多精妙之处，在许多战例中，胜利和失败都有其共同点。于是他将这些体会用刀子刻到木板上记录下来，然后再根据故事中描述的情节，在兽皮上绘制成图，并做上标记。

孙武少年时代勤奋好学，刻苦钻研，为以后成为杰出的军事家奠定了基础。

孙武来到吴国以后，一面带领人垦荒种田，发展农业生产，一面继续潜心研究军事战争。

在刀光剑影、危机四伏的政治斗争中，孙武能够在成就一番事业后，做到激流勇退，明哲保身，与他看透官场黑暗和不求功禄是分不开的。

孙武几十年如一日，不辞艰辛劳苦地苦心钻研军事，完全是因为对此产生了浓厚的兴趣，欲罢不能，并非为了高官厚禄，耀祖光宗。孙武最大的愿望，就是能够在田园中安静地度过一生。

公元前522年，楚国大臣伍子胥，迫于楚平王的追杀逃亡到吴国，投奔了吴王僚，后来被吴王僚的堂兄公子光，收为心腹。公子光因为属于他的王位被吴王僚所得，早已怨恨在心，一直预谋伺机夺回王位。伍子胥投奔吴王僚后，公子光发现伍子胥有过人的才智，大喜过望。但是，要想完成夺取王位这样的大事，仅有伍子胥是不够的，于是，公子光派伍子胥四处访贤，寻找人才。

伍子胥受命后，不辞辛苦地到处奔波，几乎走遍了吴国的大城小镇。刺杀吴王僚的勇士专诸，就是伍子胥在吴国的边境地区，一个叫做堂邑的小镇发现的。

孙武隐居在吴国，伍子胥对此已有耳闻，早就有去拜见的想法，又觉得像孙武这样的奇才大略之人，绝不是轻而易举就可以结交的，草率前去拜访，未免有些唐突，反而坏事，所以一直在寻找适当的机会。现在，自己的地位巩固了，而且有一定的声望，于是伍子胥决定前去拜见孙武。

伍子胥和孙武见面后，以十分诚恳的态度和孙武交谈。伍子胥一向富于心计，所以在谈话中，尽量避开一些敏感的问题，只是以仰慕的口吻，向孙武讨教一些问题。

伍子胥说：『我早已听过先生大名，十分敬慕，先生的才华和出身的高贵，更是我所不及的。以先生的学问和过人的韬略，用来治国必然能使小国变大，弱国变强。而先生隐居在这荒野田园，实在是埋没了盖世奇才啊！』孙武听到伍子胥的赞誉后说：『您的说法真是过奖了，实在担当不起，想我一个山野农夫，能有什么奇才呢？不过是会开荒

种田而已。』

过了一段时间，伍子胥再次拜访了孙武。因为有了前次的基础，谈话有了新的内容，彼此也消除了顾忌，所以越谈越投机。孙武起身将伍子胥让到了内室，谈话继续进行。

伍子胥说：『我听说先生研究兵法，已经很久了，能否给予指教呢？』孙武谦逊地说：『我不过为了减少些田野生活的寂寞，看一看先人打仗的故事，哪里能谈得上研究呢？你过奖了。』

伍子胥见孙武有意推辞，并不着急，继续以更诚恳的态度说：『我身怀大仇，亡命吴国，不知道未来是什么样呢。只是生就愿意结交天下豪杰，愿意听从贤士指教，先生能否满足我呢？』孙武见伍子胥确是以诚相待，如果再推辞，就过意不去了，于是和伍子胥谈了自己多年来研究军事战争的心得体会，并列举了许多战例，严密细致地剖析了成败原因。

通过这次交谈，伍子胥越发感到，要想使吴国强盛起来，父兄之仇得以雪恨，非孙武不能。

在伍子胥的精诚感动下，孙武这位有着盖世奇才的军事家，终于走出山野田园，步入政坛，到吴国做了吴王的军师。

经过几年的精心治理，吴国在各方面，都有了很大改观。

吴王阖闾看到吴国现在兵多将广，人才济济，部队军纪严明，士气高昂，百姓丰衣足食，国库储备丰厚，认为已经具备了伐楚的条件，于是便召集群臣，说了自己的想法，征求大臣们的意见。伍子胥和其他大臣都认为，以现在吴国的军力、物力的强盛，兴兵伐楚，必能一举成功，大获全胜。

群情激昂，摩拳擦掌，仿佛胜利在望。只有孙武沉思不语，静坐一旁。

阖闾见状问道：『将军以为如何呢？』孙武起身答道：『大王和诸位所谈，固然不错，以吴国现在的实力看，是可以伐楚，但要取得战争的胜利，还要做到知己知彼。吴国虽然具备一定的实力，但还不足以攻必克，战必胜。楚国自从杀了奸臣费无忌以后，民心安定，又连年粮食丰收，储备也一定很充足。楚国的军队也有着很强的战斗力。』孙武精透地分析了吴楚双方的国情、民情、军情，最后说：『要想做到出师必胜，绝不能仅靠士气和勇猛，以及实战时的运气，必须在战术上有必胜把握。』

孙武以吴楚彼此的实际情况为出发点的精辟透彻的分析，使阖闾和众臣都深感佩服。

孙武说：『我以为现在最重要的是设计使楚国的群臣之间发生矛盾，相互猜疑。坚固的堡垒，在内部容易攻破，进而使楚国发生内乱。另外，也可以派一部分军队，到楚国的边境地区，打一些小的战役。这样做一是使楚国受到骚扰，同时也可以向其他诸侯显示吴国的力量。』

公元前506年，吴楚两国爆发了一场大的战争，在这场战争中，孙武非凡的军事才能，得到了充分发挥。孙武针对楚国的情况，以及吴国的实力，制定出一套切实可行的作战计划。在粮草的准备和调兵遣将上，都做了精心的

安排。

楚国得知消息后，也做了充分的准备。楚王命沈尹戌全面分析了吴楚两国军队的情况，并预测开战后，可能出现的各种局面，在全面分析预测的基础上，拟定了克敌制胜的策略。

沈尹戌命手下大将囊瓦，率兵守汉水南面，主要控制战船，防止吴军偷袭。自己率精兵两万，绕道吴军的后方，烧毁吴军战船，然后乘乱袭击吴军。战斗开始后，囊瓦迅速过江从正面向吴军发起进攻，这样一来，吴军就处于左右受乱，背水一战的不利境地。

沈尹戌根据己方所处的地势，所采用的这种战术可以说是制胜良策，如能实施，必能大败吴军。然而，孙武早已料定沈尹戌会这样做，就将计就计，等囊瓦发现已太晚了。在吴军的两面严击下，楚军实在难以抵挡，死伤无数。楚军大败，吴军获得全胜。

十几年的戎马生涯，孙武为吴国的兴旺强盛，作出了重大贡献，尤其在伐楚的战争中，更是功高盖世，战争结束后，吴王阖闾大宴君臣，论功行赏，封官进爵。阖闾征求众臣意见，谁的功劳最大，众臣一致认为首功非孙武莫属。众臣们推举，正合吴王心愿，所有受赏的将臣中，孙武的赏赐最丰厚的。

然而，出乎吴王阖闾的预料，孙武对吴王给自己的封赏坚决不受，而后又提出辞呈要告老还乡，解甲归田。对此，众人都大惑不解。

功成名就，厚禄高官，不但能够耀祖光宗，还有享不尽的荣华富贵。这是许许多多人的毕生追求，孙武却将这些看得十分淡漠。那么，孙武所追求的是什么呢？

在给吴王阖闾的辞呈中，他说道：『臣本是乡野之人，承蒙大王厚爱，深感荣幸。吴国的强盛，征战的业绩，我只是尽了一点作为臣子应尽的义务，高官厚禄，实在不敢领受，这些战功、政绩的取得，都是大王的功德！如今，我年事已高，要做的事情往往心有余而力不足，继续留在大王身边，恐怕误了大事。请求大王恩准，让我回归田园，过清静平淡的生活。』

经过十几年的朝夕相处，孙武的为人和不贪功不争名的高贵品质，使阖闾十分敬佩。现在江山坐定，万象升平，阖闾实在不愿孙武此时离开，于是，派伍子胥前去劝说挽留。怎奈孙武去意坚决，任凭伍子胥劝言说尽，终不能使孙武回心转意。

孙武说：『你知道我对功名官禄看得很淡，当初是您的诚意和友情感动了我，才来协助大王成就业绩，如今，这些都已经实现了，我又年老体衰，请替我在大王面前请罪，我将永远记住你的恩情。』

一代英豪，能够在功成名就后，不为官禄所动心，真是难能可贵。孙武除了对功名毫无追求外，还有其他原因。十几年的官场生涯，使他看清了黑暗之处，政治斗争的阴险狡诈，血腥暴虐，明争暗斗，尔虞我诈；为了权欲，采用的手段，无所不用其极，手段的残忍，心肠的狠毒，更是骇人听闻；军事战争的大肆屠杀，连年战乱给天下百姓造成的灾难，这些无不使孙武思之难寐，想之痛心。

忍住权力的诱惑，激流勇退，留得一世清名，可以说是孙武的又一过人之处。

卷一　计篇

原文

孙子曰：兵者国之大事[1]，死生之地，存亡之道[2]，不可不察也[3]。

注释

①兵者国之大事：战争是国家的重大事务。兵，兵器，武器；引申为士兵、军队。此处意为用兵，指战争。《左传·成公十三年》：『国之大事，在祀与戎。』②死生之地，存亡之道：战争直接关系着军民的安危和国家的存亡。③不可不察也：不能不慎重考察，认真研究。察，考察，研究。

译文

孙武说：战争是国家的大事，它关系到军民的安危，关系到国家的存亡，是不可不认真考察研究的。

原文

故经之以五事[1]，校之以计而索其情[2]：一曰道，二曰天，三曰地，四曰将，五曰法。道者，令民与上同意也[3]，故可以与之死，可以与之生，而不畏危[4]。天者，阴阳、寒暑、时制[5]也。地者，远近、险易、广狭、死生[6]也。将者，智、信、仁、勇、严[7]也。法者，曲制、官道、主用[8]也。凡此五者，将莫不闻[9]。知之者胜，不知者不胜。故校之以计而索其情，曰：主孰有道[10]？将孰有能？天地孰得[11]？法令孰行？兵众孰强？士卒孰练？赏罚孰明？吾以此知胜负矣。

注释

①经之以五事：即要从道、天、地、将、法五个方面分析研究战争。经，衡量，此处指分析、研究。竹简本作『经之以五』。②校之以计而索其情：分析比较敌对双方的各种条件，来从中探求战争胜负的情形。校，比较。计，此处指下文所说的『主孰有道』等七计。索，考察，探索。③道者，令民与上同意也：在政治条件方面，要使民众与君主的意愿一致。道，此处指政治条件。上，君主，统治者。同意，意愿相同。④可以与之死，可以与之生，而不畏危：民众能够为君主而出生入死，不害怕危难。⑤阴阳、寒暑、时制：阴阳，指昼夜、晴雨等天时气象的变化。寒暑，指寒冷、炎热的气温差异。时制，指四时季节的更替。⑥远近、险易、广狭、死生：远近，指作战路程的距离。险易，指战场地形的险要或平坦。广狭，指作战地区的宽广或狭小。死生，指地形条件是否宜于攻守进退。汉简本作『地者，高下、广狭、远近、险易、死生也』。⑦智、信、仁、勇、严：指领兵将帅所应当具备的智谋才干、赏罚有信、爱抚部下、勇敢果决、军纪严明这五方面的素质。⑧曲制、官道、主用：曲制，关于军队的组织编制及通讯联络方面的制度。官道，关于各级将吏的统辖管理等制度。主用，关于军需物资的供应管理制度。⑨将莫不闻：作为将帅，对『五事』都必须有深切的了解。闻，知道，了解。⑩主孰有道：在君主方面，哪一方政治清明治国有方。孰，谁，此处指哪一方。有道，政治清明。⑪天地孰得：在天时、地利方面，哪一方更占优势。得，获得，拥有。天，亦

即上文所指阴阳、寒暑、时制。地，即上文所指远近、险易、广狭、死生。

译文

所以，必须从五个方面去分析研究，通过对敌我双方各种条件的比较，来探求战争胜负的规律：一是道，二是天，三是地，四是将，五是法。所谓『道』，就是要使民众与国君的意愿一致，这样，可以使他们在战争中为君主出生入死而不避危难。所谓『天』，是指昼夜阴晴、严寒酷暑、四时季节的变化更替。所谓『地』，是指路程的远近、地势的险要与平坦、作战地域的宽广与狭小、地形条件是否宜于攻守进退。所谓『将』，是指将帅要有智谋才干，赏罚有信，爱抚部下，勇敢果断，军纪严明。所谓『法』，是指军队的组织编制，各级将吏的统辖管理，军用物资的供应。以上五个方面，作为将帅都不能不有深切的了解。对此有深切了解的，就能打胜仗，如没有深切了解，就不能赢得胜利。因此要通过以下七个方面的分析比较，以探求对战争情势的认识，即：哪一方的国君比较贤明？哪一方的将帅更有才能？哪一方在天时地利方面占据优势？哪一方能切实贯彻执行法令？哪一方的武器装备精良？哪一方的士卒训练有素？哪一方赏罚严明？我们根据这些情况即可推断谁胜谁负。

原文

将听吾计①，用之必胜②，留之。将不听吾计，用之必败，去之③。

注释

①将听吾计：如果能听从我的计谋。『将』，此处表示假设。另一说，『将』用作名词，意为：将帅们能听从我的计谋。②用之必胜：作战一定能够取胜。③去之：去，离去，离开。

译文

如能听从我的计谋，用兵作战则一定胜利，我就留下。如不能听从我的计谋，用兵作战则必然失败，我就离去。

原文

计利以听①，乃为之势②，以佐其外③。势者，因利而制权也④。

注释

①计利以听：分析敌我双方的利害关系，使国君听从采纳。计利，分析双方的利害条件。②乃为之势：然后造成一种有利的军事态势。③以佐其外：作为外在的辅助条件。佐，辅佐、辅助。④势者，因利而制权也：所谓势，就是根据有利的态势而采取适当措施。因，根据，利用。制，采取。权，权变，机动。制权，即根据情况采取相应行动。

译文

分析计算双方的利害得失，意见已被采纳，然后造成一种有利的态势，以作为外在的辅助条件。所谓『势』，就是根据有利的条件采取适当的措施。

原文

兵者，诡道也①。故能而示之不能②，用而示之不用③，近而示之远，远而示之近④；利而诱之⑤，乱而取之⑥，实而备之⑦，强而避之⑧，怒而挠之⑨，卑而骄之⑩，佚而劳之⑪，亲而离之⑫。攻其无备，出其不意。此兵家之胜，不可先传也⑬。

注释

①兵者，诡道也：用兵作战是一种诡诈的行为。诡，诡谲、诡诈、奇诡。②能而示之不能：有攻或守的能力却故意装作没有能力的样子。能，有能力。示，故意显示。③用而示之不用：要采取行动却有意装出不想行动的样子。用，用兵，行动。④近而示之远，远而示之近：本意要进攻近处，却故意装作进攻远处；本意要进攻远处，却故意装作进攻近处。⑤利而诱之：敌人贪利，就以小利去引诱它。⑥乱而取之：敌人处于混乱状态，则要乘机攻取。另一说，我军故作混乱，引诱敌人上当而乘机攻取。⑦实而备之：如果敌人实力雄厚，应加强防备。⑧强而避之：对于强盛的敌军，应暂时避开它的锋芒。⑨怒而挠之：对于易怒的敌人，要设法挑逗激怒它。挠，挑逗。⑩卑而骄之：卑，怯，此处指胆小、谨慎。敌人如果谨小慎微，就要设法让它虚骄自傲。另一说，我方以卑辞厚礼以骄敌，乘其无备而攻击。⑪佚而劳之：对于休整充分的敌军，要用袭扰等法使它疲劳。佚，通『逸』，安逸。此处指休整充分。⑫亲而离之：对于内部和睦的敌人，要设法加以离间分化。亲，亲近，团结。离，离间。⑬此兵家之胜，不可先传也：这是

军事家取胜的奥妙所在，不可预先作不变的规定。兵家，军事家。胜，奥妙。传，规定，也可解作透露。

译文

用兵是以诡诈作为指导思想的。所以要做到，有攻守能力却装作没有能力的样子，要采取行动却装出不想行动的样子，本意要进攻近处，却装作要进攻远处；本意要进攻远处，却装作要进攻近处；敌人贪利，就以小利去引诱它；敌人处于混乱状态，则应乘机攻取；敌人实力雄厚，应加强防备；对于强盛的敌军，应暂时避开它的锋芒；对于易怒的敌人，要设法挑逗扰乱它；敌人如谨小慎微，就应设法使它虚骄自傲；敌人如休整充分，要用袭扰等法使它疲劳；敌人如内部团结，要设法加以离间分化。要在敌人无防备的情况下发动进攻，要在敌人意料不到的状态下采取行动。这是军事家取胜的奥妙所在，不可预先作不变的规定。

原文

夫未战而庙算①胜者，得算多②也；未战而庙算不胜者，得算少也。多算胜，少算不胜，而况于无算乎③！吾以此观之，胜负见矣。

注释

①庙算：古代用兵之前常在庙堂举行会议，商讨作战方略，称之为『庙算』。②得算多：筹划周密，则取胜的条件充分，所以能够在未战之前就先胜。算，计数用的筹码，此处指取胜的条件。③多算胜，少算不胜，而况于无算

乎：事先预计取胜条件多则可以获胜，取胜条件少则不能获胜，何况不具备取胜的条件呢？

译文

用兵之前通过谋划预计能够取胜的，是由于计算周密，胜利的条件充分；用兵之前预计不能取胜的，是由于计算不周，胜利的条件不充分。计算周密，胜利条件充分的就可以取胜，计算不周，胜利条件不足的就不能取胜，何况预先不作谋划筹算呢？我们根据这些来看，就可以预见胜负的结果。

经典事例

周武王兴兵伐纣

商朝后期，纣王对外连年发动战争，对内滥施酷刑，残害忠良，他还大兴徭役，建造以酒为池、悬肉为林的离宫，整日过着奢侈荒淫的生活，激起百姓和各诸侯国的强烈不满。

这时候，一个足以与殷商王朝对峙的奴隶制强国——『周』在沣水西岸悄然兴起。

公元前约1069年，周武王与八百诸侯会于孟津，在孟津举行了声势浩大的誓师仪式，发表了声讨商纣王的檄文，八百诸侯群情激愤，都说：『商纣可伐！』但是周武王听从了国师吕尚（姜子牙）的劝告，认为商纣王朝力量还十分强大，征伐商纣的时机还未成熟，断然班师返回。

公元前1066年，殷商王朝内部矛盾激化，王子比干被杀，箕子、微子、太师疵等朝廷重臣或被囚或外逃，纣王已

到了众叛亲离的地步。吕尚对周武王说：『天与不取，反受其咎；时至不行，反受其殃。』力劝周武王出兵伐纣。周武王盼这一天盼了十几年，立刻下令遍告诸侯：『殷有重罪，不可不伐！』随后以吕尚为主帅，统兵车三百辆、猛士三千人、甲士四千五百人，誓师伐纣。

周军东进，开始的时候，一路之上颇不顺利：狂风肆虐、暴雨倾盆、雷电交加，折旗毁车，人马时有伤亡。吕尚巧妙地把这天地肃杀之征解释为鬼神对殷商发怒之状，并大力加以渲染，居然不但稳定了军心，还增强了斗志。由于商纣失尽了人心，四方诸侯及沿途百姓纷纷加入武王的伐纣行列，周军士气日益高昂。

这一年的十二月，吕尚率军渡过黄河，在距殷商都城朝歌仅七十里的商郊牧野（今河南汲县）召开了誓师大会，历数纣王罪过，揭开了历史上著名的『牧野之战』的序幕。

此时，纣王正与东南边疆的夷族人交战，朝歌兵力空虚。周军兵临城下的消息传入朝歌，纣王慌忙把奴隶和战俘武装起来仓促应战。双方在牧野短兵相接。战斗中，吕尚身先士卒，率战车和猛士冲入商军，打乱了商军的阵脚。商军本来就没有斗志，不但不再抵抗，反而阵前倒戈，引导周军杀入朝歌。纣王见大势已去，登上鹿台，自焚而死，在中国历史上为时500多年的奴隶制国家殷商，从此灭亡。

公元前1066年底，周武王班师回到镐京，正式建立了周王朝。

管仲佐齐护霸业

春秋时期，五霸之首齐桓公在位期间（前685—前643年），起用名相管仲，其文韬武略，非同一般。

公元前662年，鲁庄公死去不到三个月，庄公的庶兄庆父就杀了继位的公子般，立鲁闵公子启。齐桓公派大夫仲孙湫去鲁，见了闵公和相国季友，还见了公子申，窥探了庆父动静。仲孙回国后对桓公道：庆父不去，鲁难未已。桓公道：『寡人发兵除去庆父，如何？』仲孙道：『时机还不成熟。庆父早晚要篡位，到那时再出去，才是尽霸主之责。』第二年，庆父又遣刺客杀了闵公，季友和公子申奔邾国避难。鲁人素服季友，闻相国出奔，举国若狂，痛恨庆父连弑二君，聚众先杀了刺客全家，将奔庆父，庆父逃到莒国。齐桓公对仲孙湫道：现鲁国已无君，取之如何？仲孙道：且慢！鲁国为礼仪之邦，虽遇弑君之乱，还有公子申明习国事，相国季友为民心所向，有戡乱之才。如果鲁人自己起来平乱定国，齐国就出师无名，不如与之交好。齐桓公就遣上卿高奚，率南阳甲士三千去鲁相机行事。临行时嘱咐高奚：公子申果然贤明，当扶立为君，以修邻好；否则，便可兼并其他人。高奚至鲁，正好碰到季友与公子申回国。高奚见公子申相貌端正，议论条理，心中十分敬重，就与季友商议，拥公子申为君，是为僖公，庆父也在鲁国弃绝下被迫自杀。

齐桓公救燕定鲁后，威名愈振，诸侯心悦诚服。公元前660年，狄人侵犯邢国，又移兵伐卫。卫懿公使人到齐国告急，诸大夫请救之，桓公道：『征伐戎国的战争疮伤，还没平愈，且等明春，再合诸侯去救吧！』

卫惠公子懿公，自公元前668年（鲁庄公二十六年）即位以来，玩乐怠傲，不理国政，尤爱禽中之鹤。那鹤色洁形清，能鸣善舞，懿公爱之如命，凡献鹤者皆重赏，百方罗致，都来进献，苑囿宫廷，处处养鹤。所蓄之鹤，都有品位俸禄，上者食大夫俸，次者食士俸，养鹤之人，也有常俸。朝廷厚敛于民，以充鹤粮，民有饥冻全不忧恤。大夫石祁子、宁速同国政，报狄人入侵时，懿公大惊，即刻征兵授甲，百姓都逃野，不肯从军，懿公使人抓来百姓。问他们为什么逃避。百姓答：君王只用一物，就可御狄，何用我等！懿公问：何物？众人答：鹤！懿公道：鹤何能御狄？众人道：鹤既不能战，是无用之物。君主轻视有用的百姓，厚养无用的鹤，这就是百姓不服的原因。懿公大惭，把豢养的鹤都放了，石、宁二大夫亲往街市，说明卫侯悔过之意，百姓才稍稍复集。

懿公一面遣人往齐国求救，一面令大夫渠孔为将，自己率兵亲征。行近荥泽，看见敌军有一千多骑，左右分驰，不成阵势，渠孔道：『人说狄勇，徒负虚名！』就击鼓而进，狄人诈败，把渠孔引入埋伏圈，一时唿哨而起，如天崩地裂，将卫兵截作三段。卫兵本无心交战，见敌势凶猛，都弃车仗而逃，懿公被狄兵重重包围，与渠孔先后被害，全军覆没，狄兵直入卫城，百姓奔走逃难，狄兵将卫国府库、民间存留金、粟，抢劫一空，毁了城郭，满载而归。石祁子先扶公子申登舟，宁速收拾遗民，来至漕邑，查点男女，才720多人，又从共、滕二邑，抽了四千多人，凑五千之数创立庐舍，扶立公子申为君，是为戴公。戴公先已有疾，数日即病故。宁速去齐国，迎公子毁即位。齐桓公道：公子毁从敝邑回去，将守宗庙，若器用不备，就是我的过错了。于是命公子无亏，驱车三百乘，赠以牛羊猪鸡犬、美锦、

祭服等许多礼品。公子毁在齐扶助下即位，次年春正月改元，为卫文公。齐公子无亏回国时，还留下甲士三千人，以防狄患。

无亏回国，向齐桓公报告后，管仲道：『只留下士兵防狄，不是长久之计，不如帮助卫择地筑城，一劳永逸。』桓公称善。正要纠合诸侯助卫筑城时，忽然邢国遣人告急，道：『狄兵又来本国，力不能敌，伏望救援。』桓公问管仲道：『该去救邢吗？』管仲道：『诸侯之奉齐，就因齐能在危急中救援。此番齐既没救了卫，再不救邢霸业就完了。』于是，桓公通知宋鲁曹邾各国，合兵救邢，在聂北集合。宋曹两国的兵先到，管仲又对齐桓公道：先别急于出兵。现在狄攻邢，其势正张；邢反击，其力未竭。击势方张之狄，要费加倍的力量；助力未竭的邢，取得了功较少。不如稍加等待，邢支持不了而溃败，狄胜邢而力疲，驱疲狄而援溃邢，那就力省而功多了。于是，齐桓公只说鲁邾兵未到，在聂北等待，一面，遣间谍探听狄邢攻守消息。三国驻兵聂北，约近二月。狄兵攻邢，昼夜不息。邢人力竭，突围而出，都投奔齐营求救，邢侯叔颜哭倒在地。桓公把他扶起，安慰道：『寡人没有及早相援，以致如此。』当即与宋公、曹伯共议，即日拔寨起兵。狄人已把城中财物抢劫一空，听说三国大军即至，无心恋战，放起一把火，望北飞驰而去。各国兵到，狄人已走。桓公传令将火扑灭，问叔颜：『故城还能居住吗？』叔颜道：『逃难的百姓，多半都去夷仪，还是应该顺从民意，迁都夷仪。』桓公就与各国一起修筑夷仪城，让叔颜居住进去，又为他建立朝庙，添设庐舍，从齐国运来牛、马、粟、帛，使他们能开始正常生活。』邢国君臣对齐桓公感激涕零，欢呼不止。

事毕，宋、曹等国欲辞去，齐桓公道：还有卫国未定呢！我们不能只为邢建城，还应为卫建城才是。诸侯道：『听霸君命。』桓公下令移兵向卫，军士们都随身携带畚锸等工具。卫文公远远相迎，布衣帛冠，一身丧服。桓公见了，不禁凄然，道：『寡人借诸国之力，愿为君定都，不知选何地为吉？』文公道：『我已选下吉地在楚邱，但建都所需财力，非亡国所能负担。』桓公道：『全部财力由寡人负担。』即日会集各国之兵，都去楚邱兴工，又从齐国运来建筑材料，重立朝庙。卫文公深感齐再造之恩。

齐桓公保存三个亡国的事迹，一时传为佳话。人们说，桓公立僖公以存鲁，城夷仪以存邢，城楚邱以存卫，是他的三大功劳。

崔杼用计杀庄公

春秋时代齐国大夫崔杼，为迎立庄公有功，被封为上卿，执掌国政。庄公经常到他府上饮酒作乐。

一天，庄公饮了两杯酒，见崔杼因事外出，乘机把崔杼的继室棠姜诱奸了。以后暗往明来，经常不断。此事渐被崔杼发觉，先不声张，就先责问妻子，棠姜供认不讳，并且说：『庄公身为国王，他恃势威胁，我是一个女流之辈有什么力量抗拒他呢？』

崔杼愤怒地说：『你无能力抗拒他，也应该及早告诉我呀！』

棠姜很懊悔地叹了一口气：『唉！』接着又很悲伤地说：『我知道这件事做错了，但既已成为事实，说出来又有

什么用呢？若告诉你，你肯定会发火的，万一被他知道了，必先向你下毒手。唉！错就错在当初不该把他引上门来。』

崔杼愤怒了一阵儿，想了一想，也感到无可奈何，于是又冷冷地说：『也罢，事到如今，我也怪不得你，只怪我自己引狼入室。』说罢长叹一声！

从此以后，崔杼严加防范，不使棠姜与庄公有接近的机会，并暗地里要谋害庄公。

庄公有一位内臣叫贾竖，因一点小过失就被庄公罚打了一百皮鞭，心常忿詈，不时口出怨言。崔杼知道了，便以重金去收买他，央他做了内线，随时报告庄公的一举一动。

不久，莒国黎比公来齐朝见，庄公大喜，特在北郊设宴招待。崔杼的府第也正在北郊。

崔杼得知这个消息，已想到庄公的用意了，便诈病起来，不去陪宴，一面派心腹去贾竖处探消息，贾竖回报说庄公在宴散后要去探崔杼相国的病。

『嘿！他哪会关心到我？关心我的老婆是真。』崔杼冷笑一声，喃喃自语地说。

然后他又立即对棠姜说：『今晚要解决那个昏君淫王，你一定要按我的话去做！事成，立你为正室，你的儿子亚明为继承人，不扬你的丑。不然的话，我先宰了你。』

『妇人家是从夫的，何况这样也可以替我报仇，只要你教我怎样便怎样！』

『好！』崔杼在她耳边教她如何如何，这般这般。

跟着动员家族兵丁埋伏在室门内外，再派心腹通知贾竖，需要如此恁般，安排好香饵，等候金鱼上钩。

庄公是一心想着棠姜的，今见崔杼患病，正中下怀，匆匆地开罢宴会，即命驾到崔府来。

『相国的病怎样了？』庄公一入门就这样问。

『启禀我王，相国的病非常严重，现在刚吃过药，蒙头睡觉！』守门的这般说。

『睡在什么地方？』庄公再问。

『睡在东边的外厅！』

庄公大喜，径直向西厢的内室走去。他的四位保镖也想跟进去，却被贾竖挡住，他说：『主上的事，你们敢知道的啦！还是在外厅等候吧！』

大家相信他的话，便停留在门外，只有贾竖一人跟进去，门也随即关了起来。

进了内室，棠姜出来迎接，她此时打扮得格外漂亮，庄公一见，便如饿虎擒羊一样，想把她搂过来。可是，有侍婢出来，告诉棠姜，说相国嚷着口渴，请夫人调蜜汤送过去。棠姜借机抽身。

一会儿，伏兵突然挥剑呐喊，这才把他吓醒，情知有变，急趋后门逃避，但门已下锁。庄公力大，把门踢开，走上小楼里，伏兵把楼团团围住，声声只叫：『奉相国之命，捉拿淫贼！』

庄公见无法突围，乃凭窗对甲兵说：『我是国王，你们不得无礼。』

『什么国王不国王，我们奉相国命令，只知是捉拿淫贼！』甲兵又鼓噪起来。

『崔相国何在？我要跟他当面说话！』

『相国有病不能来！』

庄公见此情形，知已无转回余地，黯然当众请求：『我知道你们一定是要我的命，但可否让我回去到太庙里自尽呢？』差不多哭出声来。

『还是即时自己解决吧，省得受辱！』众兵士说。

庄公突然从窗口跳出来，想爬墙走，一支冷箭射过去，伤了左脚，从墙上坠下。

众士兵一齐拥上去，把庄公剁成肉酱。保镖的四位勇士，也在前厅被伏兵杀死。

卷二　作战篇

原文

孙子曰：凡用兵之法①，驰车千驷②，革车千乘③，带甲④十万，千里馈粮⑤，则内外之费⑥，宾客之用⑦，胶漆之材⑧，车甲之奉⑨，日费千金⑩，然后十万之师举矣⑪。

注释

①用兵之法：用兵的准则。法：准则、规律。②驰车千驷：驰车，装载甲士的轻便战车。驰，奔驰，驰驱。驷，原指驾一辆车的四匹马，这里用作量词，千驷即千辆。《太平御览》作『驰车千乘』。③革车千乘：革车，运载军需物资的辎重车辆。乘，辆。④带甲：穿戴铠甲，此处指全副武装的士卒。⑤千里馈粮：从千里之外运送供应粮食。馈，馈送、供应。⑥内外之费：前后方的开支费用。内外，这里指前方与后方。⑦宾客之用：招待各诸侯国宾客使节的用度。⑧胶漆之材：胶漆，制作和修理弓箭甲盾的物资，这里泛指修造作战器具所需的各种物资。⑨车甲之奉：战车及铠甲的保养费用。车甲，车辆、铠甲。奉，费用、花费。⑩日费千金：每天要花费巨额钱财。⑪十万之师举矣：举，出动。梅尧臣注：『举师十万，馈粮千里，日费如久，师久之戒也。』《通典》、《太平御览》作『十万之众举矣』。

译文

孙武说：凡兴兵作战，通常要动用战车千辆，辎重车千辆，军士十万，从千里之外运送军粮。前方后方的开销，招待外交使节的花费，胶漆等器材的供应，车辆铠甲的保养，每天都要耗费千金，然后十万大军才能出动。

原文

其用战也胜①，久则钝兵挫锐②，攻城则力屈③，久暴师则国用不足④。夫钝兵挫锐，屈力殚货⑤，则诸侯乘其弊而起⑥，虽有智者，不能善其后矣⑦。故兵闻拙速，未睹巧之久也⑧。夫兵久而国利者，未之有也⑨。故不尽知用兵之害者，则不能尽知用兵之利也⑩。

注释

①其用战也胜：在这样动员大规模兵力的情况下，作战则要求速胜。②久则钝兵挫锐：如果旷日持久就会军队疲惫、锐气受挫。钝，不锋利，此处作『疲惫』解。钝兵，使军队疲惫；挫锐，使锐气受挫。钝、挫皆为使动用法。③攻城则力屈：进攻城邑就会使兵力耗尽。屈，竭尽、耗尽。④久暴师则国用不足：长期使军队在外就会造成国家供应困难。暴，露，通『曝』。⑤屈力殚货：兵力消耗物资枯竭。殚，枯竭。货，财货、物资。《通典》、《太平御览》皆作『力屈货殚』。⑥诸侯乘其弊而起：弊，疲惫、危机，包括上文所指的『钝兵挫锐、屈力殚货』的情况。此句意谓别的诸侯国就会利用这种危机，起兵前来进攻。⑦虽有智者，不能善其后矣：一旦到了这种时候，即便是才智出众

的人也无法挽回危局了。⑧兵闻拙速，未睹巧之久也：只听说用兵宁拙而求速胜，没见过为求用巧而长期拖延的。拙，笨拙，此处意谓不刻意求巧。速，迅速取胜。巧，巧妙、工巧。⑨兵久而国利者，未之有也：利，有利。用兵旷日持久而对国家有利的情况，从来没有过。⑩不尽知用兵之害者，则不能尽知用兵之利：不能完全了解用兵的危害的人，就无法充分认识用兵的好处。尽知，完全了解、充分认识。

译文

用兵作战贵在速胜，旷日持久就会使军队疲惫、锐气挫伤。攻打城邑就会使兵力耗尽。长期使军队在外作战会造成国家的财政困难。若军队疲惫，锐气受挫，兵力耗损，国家财力枯竭，其他诸侯国就会利用这种危机起兵前来进攻，到那时，即便是才智出众的人也无法挽回危局了。因此，只听说用兵宁拙而求速胜的情况，却没见过为讲求用巧而久拖不决的。用兵旷日持久而对国家有利的情况，是从来没有过的。所以，不能完全了解用兵的危害的人，就无法充分认识用兵的好处。

原文

善用兵者，役不再籍①，粮不三载②；取用于国③，因粮于敌④，故军食可足也。

注释

①役不再籍：征集兵役不用两次。役，兵役。再，两次。籍，户籍、名册，这里指征集。张预注：『籍，谓调兵

之符籍，故汉制有尺籍伍符。言一举则胜，不可再籍兵役于国也。』②粮不三载：粮草不用多次运送。三载，多次运送。《太平御览》作『粮不再载』。③取用于国：武器装备从国内取用。④因粮于敌：军需粮草靠在敌国境内就地征发。因，依靠。

译文

善于用兵的人，兵员不用征集两次，粮草不用重复运送。武器装备从国内取用，粮秣给养在敌国就地解决，这样，军队的粮草供应就可以充足了。

原文

国之贫于师者远输①，远输则百姓贫②。近于师者贵卖③，贵卖则百姓财竭，财竭则急于丘役④。力屈、财殚，中原内虚于家⑤。百姓之费，十去其七；公家之费，破车罢马⑥，甲胄矢弩⑦，戟楯蔽橹⑧，丘牛大车⑨，十去其六。

注释

①国之贫于师者远输：国家因用兵而导致贫乏的，在于军需物资的远道运输。远输，长途运输。②远输则百姓贫：长途运输就会使百姓贫困。③近于师者贵卖：离军队近的地方物价上涨。贵卖，物价上涨。④财竭则急于丘役：财源枯竭，就要急于加征军赋。丘役，军赋。丘，古代地亩面积单位，作为征收赋税徭役的计算单位。⑤中原内虚于家：国内百姓家产虚耗。中原，这里指国内。⑥破车罢马：战车损毁，战马疲惫。罢，同『疲』。⑦甲胄矢弩：甲，

护身的铠甲。胄，头盔。矢，箭。弩，弩机，发射箭矢的简易机械装备。⑧戟楯蔽橹：戟，具有戈与矛两种功能的兵器。楯，同「盾」，盾牌。蔽橹，一种大盾牌，用于战车的防护。⑨丘牛大车：丘牛，丘役中征发的牛。大车，此处指运载辎重的车辆。

译文

国家之所以因兴师作战而贫困，是由于运输路途遥远。远道运输就会导致百姓贫困。靠近军队驻扎的地方物价必然上涨，物价上涨就会使百姓财力耗尽。财力耗尽就要急于加征赋役。力量耗尽、财源枯竭，国内家家产业虚耗。百姓的财物消耗掉十分之七；国家的资财，也由于战车损毁，马匹疲病，盔甲、弓箭、戟盾等兵器装备的损耗以及征发大牛和运载辎重的车辆等，损失十分之六。

原文

故智将务食于敌①。食敌一钟②，当吾二十钟；萁秆③一石④，当吾二十石。

注释

①智将务食于敌：聪明的将帅力求在敌国就地取粮。②钟：古时容量单位，一钟相当于六十四斗。③萁秆：牲畜饲料。萁，同「萁」，豆秸。秆，禾茎。④石：古时的重量单位。一石相当于一百二十斤。

译文

所以聪明的将领务求在敌国就地解决粮草的供应。食用敌国的粮食一钟，相当于从本国运送二十钟。消耗敌国的饲草一石，相当于从本国运送二十石。

原文

故杀敌者，怒①也；取敌之利者，货也②。故车战，得车十乘已上③，赏其先得者，而更其旌旗④，车杂而乘之⑤，卒善而养之⑥，是谓胜敌而益强⑦。

注释

①怒：此处主要指士气。李筌注：『怒者，军威也。』②取敌之利者，货也：夺取敌人的资财，必须以财货奖赏将士。③已上：以上。已，同『以』。④更其旌旗：夺取敌军的车辆并换上我军的旗帜。⑤车杂而乘之：把缴获的敌军车辆与我军车辆混合在一起。杂，掺杂、混合。乘，使用。⑥卒善而养之：对俘获的敌军士卒要给予优待，为我所用。⑦是谓胜敌而益强：这就是说，越是战胜敌人自己就越强大。

译文

要使军队奋力杀敌，就要激励将士们的士气；要夺取敌人的物资财货，就要用财物奖赏将士。所以在车战中凡缴获战车十辆以上的，要奖励最先夺得战车的人，并更换上我军的旗帜，混合编入我军的军队。对俘获的士卒要善待，

这就是说，越是战胜敌人，自己就越是强大。

原文

故兵贵胜，不贵久①。

故知兵之将②，生民之司命③，国家安危之主④也。

注释

①兵贵胜，不贵久：用兵贵在尽快取胜，而不在时间久。②知兵之将：深知用兵之道的将帅。③生民之司命：民众命运的主宰。生民，一般民众。司命，《楚辞·九歌·大司命》五臣注：司命，星名，主知生死。』这里借喻为命运的主宰者。《通典》、《太平御览》均作『民之司命』。④国家安危之主：关系到国家安危存亡的决定性人物。

译文

因此，用兵贵在尽快取胜，而不宜旷日持久。

深明用兵之道的将帅，是民众命运的掌握者，是国家安危存亡的主宰者。

经典事例

齐桓公寓兵于农

周庄王十二年（前685年），齐国内乱，国中无主，齐公子小白击败他的哥哥公子纠，争得侯位，称为齐桓公。

在争位中功劳最大的是鲍叔牙，齐桓公要任命他为相，鲍叔牙坚辞不就，认为管仲比自己有才能，一再推荐管仲为相。齐桓公为了创建霸业，不计较管仲曾经帮助公子纠争位用箭射他的旧仇，答应重用管仲。齐桓公按鲍叔牙的意见，择定吉日，在文武大臣陪同下把管仲从郊外的寓所接到宫中。齐桓公诚恳地对管仲说：『寡人刚刚执政，人心未定，国力不强，想创建法度整顿纲纪，富国强兵，望仲父不吝赐教。』管仲谦让再三，然后提出了废公田，薄税敛，省刑法，设盐铁官，制作农具，铸钱币，调整物价，让士农工商各守其业等一整套治理国家的意见。齐桓公听后，精神为之一振，并进一步问道：『仲父的治国方略，使寡人顿开茅塞。只是现在齐国兵微将寡，难以威服四方，募兵扩军又缺财力，不知该如何解决？』管仲答道：『自古兵贵精而不贵多，强于心而不强于力。只要上下同心同德，就能克敌制胜。大王应该隐其名务其实，采取寓兵于农的办法。』齐桓公急切地问道：『何谓寓兵于农？』管仲说：『这是一种花费少，功效大，既能发展生产，又能建立一支强大的军队的办法。』管仲见齐桓公听得很认真，就接着说：『齐国全境可分为工商与农乡。工商专心经商，为国家积累财富，免服兵役；农乡平时种田，五家编为一轨，十轨为一里，四里为一连，十连为一乡。每家出一人，五人为伍，二百人为卒，二千人为旅，万人为一军。这样，士兵即农民，农忙时务农，农闲时训练打猎，战时出战。大家互相认识，彼此熟悉，居则同乐，死则同哀，守则同固，战则同强。足以横行天下。』齐桓公频频点头说：『这样组建军队，既不增加国家开支，也不会引起诸侯各国的猜疑和不安，真是有百利而无一害。』越谈越投机，连续谈了3天。齐桓公决定任命管仲为相，让他治理国家，并当着文武百

官宣布：『国家大政，先后仲父，次及寡人，有所施行，一凭仲父裁决。』管仲任齐相后，按寓兵于农的法则，建立了一支战斗力很强的军队。周厘王二年（前680年），齐在鄄（今山东鄄城县北）与宋、陈、卫、郑会盟，开始称霸诸侯。周惠王十三年（前664年）山戎攻燕，燕向齐求救。齐桓公以『尊王攘夷』为口号，亲率大军北征，与燕军配合，击败山戎。周惠王十六年（前661年），狄人进掠刑国，次年，灭亡卫国。齐桓公联合宋、曹二国军队，大败狄人。中原各国都称颂齐桓公，尊他为霸主。这时，南方楚国国力日强，向中原发展，屡次进攻郑国。齐桓公转而向南，联合中原诸国攻楚。楚被迫求和，联军与楚在召陵（今河南偃城东）结盟后退回。中原因而得到暂时的安定。管仲任齐相期间，齐国推行法制，富国强兵，北服戎狄，南威荆楚，九合诸侯，一匡天下，成为春秋时期第一位霸主。

卧薪尝胆灭吴国

吴王夫差打败了越国，越王勾践听从谋臣范蠡的意见，向吴王表示：只要保存越国，自己情愿到吴国做人质，侍奉吴王夫差。夫差有心同意，但遭到大臣伍子胥的反对。伍子胥说：『今天上天把越国送给我们，不消灭越国，将来必定要后悔！』吴国的太宰伯嚭得到了范蠡送去的大批金银珠宝，站出来为越国说好话：『勾践还有五千精兵，如果逼得太凶，他烧毁宝物，拼死一战，我们就什么也得不到了。勾践到了我国，死生在我们手中，怕他什么！』夫差认为伯嚭言之有理，就答应了勾践的请求。

勾践带着自己的妻子和范蠡到吴国侍奉吴王夫差，由于尽心尽力，唯唯诺诺，夫差竟不顾伍子胥的坚决反对，把

勾践夫妇放归回国。

勾践回到越国，念念不忘报仇血耻。他把一个苦胆吊在座席边，使自己无论坐着，还是躺着都能看到它，每次吃饭喝水的时候，勾践都要尝尝苦胆的滋味。勾践亲自耕种，勾践的妻子也动手纺纱织布。经过十年的奋发图治，越国从战败的阴影中挣脱出来，国力渐渐强盛。

与越国的振兴恰恰相反，吴国被胜利冲昏了头脑，一年年东征西讨，为争夺中原霸主的地位而耗尽了国力、财力。

为了试探吴王夫差对越国的态度，勾践借口发生灾荒，向吴国借粮，夫差连想都没想，一口答应了。伍子胥劝道：『大王总是不听我的劝告，三年后吴国都城将要成为一片废墟了！』夫差对伍子胥处处与自己作对大为不满。伯嚭乘机对夫差说：『伍子胥貌似忠厚，实际上是一个很残忍的人，他连父兄的生死都不顾，怎能真心关心大王您呢？听说，他与外人勾勾搭搭，大王可要防备！』不久，伍子胥出使齐国，他感到吴国早晚要被越国灭亡，就把儿子留在齐国，托鲍氏照看。夫差得知后，勃然大怒，道：『伍子胥果然在骗我！』于是，派人送给伍子胥一把剑，让他自杀。伍子胥在自杀前仰天大笑，道：『我死后，请把我的眼睛挖出来放在吴国都城的东门上，让它看着越兵进城吧！』

勾践借到粮食，又知道伍子胥已死去，而吴王夫差对自己一点也不戒备，于是，一面加紧练兵备战，一面不停地把美女、珍宝和建筑宫殿用的巨木送给吴国，麻痹吴王夫差。夫差整日与美女们泡在一起，又大兴土木建筑规模宏伟的姑苏台。姑苏台先后用了八年的时间才建成，将吴国的储备消耗殆尽。

公元前481年11月，在经过了二十二年的励精图治之后，兵强马壮的勾践一举攻破吴国，在姑苏山包围了夫差。勾践派人对夫差说：『我可以把您安置在甬东，让您到那里去当一个百户人家的头领。』夫差想起伍子胥当年的话，懊悔无穷，用衣服遮住自己的脸说：『我没有脸面去见伍子胥！』说罢，拔剑自杀了。

越王勾践灭亡了吴国后，与齐、晋等国在徐州会盟，各国诸侯都向勾践祝贺，勾践成为扬威一时的霸主。

秦赵邯郸再交战

秦赵邯郸之战，实际上是秦赵长平之战的继续。当时赵国主力部队悉被秦军歼灭于长平，赵国形势危急。邯郸之战关系到赵国的生死存亡，秦赵双方均全力以赴，力争取胜。但由于赵国吸取了长平惨败的教训，采取积极的防御措施，坚守危城，袭扰疲敌，争取外援，终于迫使秦军顿兵坚城之下，师老兵疲，诸侯乘其弊而起，秦军遭致失败。秦军旷日持久而遭败绩的史实，正好从反面印证了孙子『兵贵胜，不贵久』作战指导原则的正确性。

秦赵长平之战，先后相持3年，秦军虽然战胜，但士卒死者过半，国内是『国虚民饥』，粮卒皆缺；国外是『天下不乐为秦民之日久矣』，处境孤立。因此，秦王最初接受了范雎的建议，否定了白起乘胜攻取赵国国都邯郸的主张，准备休养生息，俟时机成熟，再重新策划统一六国的行动，这不失为一种较稳妥的战略。

秦国撤军，是以签订和约，赵国割让六城给秦为先决条件的。但是秦国撤兵之后，赵王却听从采纳了虞卿的建议，不遵守长平战后割让赵国六个城邑给秦国的条约。这无疑大大地激怒了秦国。赵孝成王深知秦国不会善罢甘休，于是立足于抵抗，积极从事各方面的准备。

赵孝成王充分吸取了长平之战失败的教训，对外重视联合诸侯『合纵』对抗强秦，对内重视激发臣民同仇敌忾之气，加强战备，发展生产，恢复经济。在外交方面，当时赵国及时进行了几项有效的工作，一是派遣虞卿东见齐王，商议合纵攻秦的计划；二是利用魏国使者来赵谋议合纵的机会，同魏签订合纵的盟约；三是以灵邱（今山西灵邱）作为楚相春申君黄歇的封地，结好楚国。此外又对韩、燕两国极力拉拢。所有这些，使得广泛的反秦统一战线建立了起来。在内政方面，努力耕种以增加蓄积，抚养孤幼以增长人口，整顿兵甲以加强战斗力，修补城池以巩固守备。赵国的君臣还能放下架子，以礼相待那些敢死犯难的士卒，让自己的妻妾为士卒缝补衣服，做到了『戮力同忧』。赵国统治者还利用秦军长平坑杀赵军降卒的惨祸激励臣民的同仇敌忾之气，造就了全国上下决心与秦国拼死作战的有利心态。

秦昭王果然因赵国没有如约割地献秦和赵与东方各国『合纵』、继续与秦为敌而愤怒不已，遂于公元前258年10月，派遣五大夫王陵率兵攻赵，秦军很快就进抵赵国国都邯郸。接着又增派援军，围攻邯郸。赵国军民对秦军的残暴所为记忆犹新，愤恨异常，所以坚持抵抗，给秦军以大的杀伤。鉴于敌强己弱的客观态势，赵军在军事上采取了坚守疲敌、避免决战、等待援军的正确方略，挫败了秦军速决速胜的企图。同时在坚守防御的过程中，有时也主动出击，派遣精锐部队不时地伺机袭扰秦军，消灭了秦军的有生力量。秦军的杰出统帅白起正确地判断了形势和双方的主客观条件，预计秦军无法攻下赵都邯郸，所以拒绝出任攻赵的秦军主将，这样一来，秦国的军事实力更是捉襟见肘了。秦军久攻不下邯郸，不得已而一再增兵换将，由王龁代替王陵，继续对邯郸发起新的攻势。但在伤亡惨重的情况下，攻打了八九个月，依然是无所作为。

赵国在固守邯郸的同时，还在外交上积极从事合纵活动。魏国首先答应出兵增援救赵，楚王也派遣春申君率军北上救赵。

秦昭王闻悉赵与魏、楚『合纵』抗秦的消息后，十分不安，于是便派使者去威胁魏王说：『秦军攻打赵国很快就要得手，哪个诸侯敢去救援，待我们打下赵国后，必定将首先予以军事上的打击。』魏王惧怕秦国日后报复，就命令主将晋鄙将十万大军屯驻在邺（今河北临漳），观望不前。

赵国的平原君见魏军停止前进，就不断地派专人赴魏公子信陵君处，请求他设法改变这样的局面。信陵君多次劝说魏王，魏王还是不肯下令进军。信陵君不得已用侯生的计谋，求助于魏王的爱妾如姬，终于窃得魏王的虎符，杀死了不肯交出指挥权的老将晋鄙，夺得魏十万援军的指挥大权，挑选精兵8万人，直赴邯郸。

公元前257年12月，秦王除派军队屯驻汾城（今山西临汾）作声援外，又增派范雎荐举的将领郑安平率军增援，

合力围攻邯郸。这时候，魏、楚的援军也赶到了，他们在邯郸城下屡败秦军。与此同时，邯郸城内的赵军在平原君的组织下，组成精锐部队主动出击进行战术配合。秦军内外作战，腹背受敌，终于力不能支，在次年一月间战败于邯郸城下。王龁率残部撤回汾城。郑安平军为魏、楚援军所包围，他突围不成，最后率领两万余众向赵国投降。邯郸之战到此以赵胜秦败而告结束。

孙子在《作战篇》中指出：『其用战也胜，久则钝兵挫锐，攻城则力屈。』『夫钝兵、挫锐，屈力、殚货，则诸侯乘其弊而起，虽有智者，不能善其后矣。』在邯郸之战中，秦昭王只看到赵国在长平之战中遭到重创，而自己的力量大有增长这一面，却忽略了赵国在长平之战后吸取失败的教训，对内对外调整政策，奋发图强的实际情况，更未看到各国因秦势力不断发展而产生的仇秦、联合对秦的趋势，拒绝名将白起的正确建议，一意孤行，在外交上陷入孤立，在政治上陷入被动，在军事上违背『兵贵胜、不贵久』的基本原则，长期屯兵于坚城之下，又不懂得『车杂而乘之，卒善而养之，是谓胜敌而益强』的对待俘虏的道理，终于弄得旷日持久，师劳兵疲，『诸侯乘其弊而起』，使秦国遭受少有的重挫。这一历史启示，迄今依然是发人深省的。

卷三 谋攻篇

原文

孙子曰：凡用兵之法，全国为上，破国次之①；全军为上，破军次之②；全旅为上，破旅次之③；全卒为上，破卒次之④；全伍为上，破伍次之⑤。是故百战百胜，非善之善者⑥也；不战而屈人之兵⑦，善之善者也。

注释

①全国为上，破国次之：全，全部、完整。国，敌国，也可解作『国都、大城邑』。这句是说迫使敌国完整地降服是最上策，而经过战争交锋攻破敌国的就要差一等。②全军为上，破军次之：军，此处有两层含义：一是指整个敌军，一是特指军队的一个编制单位。此句意为，能使敌军完整地降服是上策，用武力击破它就差一等。③全旅为上，破旅次之：使敌人整个旅降服为上策，击破它就差一等。旅，春秋时以五百人为旅。④全卒为上，破卒次之：卒，此处为军队的编制单位。⑤全伍为上，破伍次之：伍，古代军队中的基本编制单位，五人为伍。⑥善之善者：最高明的，好中最好的。⑦不战而屈人之兵：不用经过交战而迫使敌军屈服。屈，屈服、降服，此处为使动用法。

译文

孙武说：大凡用兵的指导法则是：使敌国完整地降服为上策，而经过交战击破敌国就次一等；使敌人的『军』完整地降服为上策，而击破敌人的『军』就次一等；使敌人的『旅』完整地降服为上策，而击破敌人的『旅』就次一

等；使敌人的『卒』完整地降服为上策，而击破敌人的『卒』就次一等；使敌人的『伍』完整地降服为上策，而击破敌人的『伍』就次一等。因此，百战百胜，并不算是高明之中最高明的；不用经过交战就能使敌人屈服，才是高明之中最高明的。

原文

故上兵伐谋①，其次伐交②，其次伐兵③，其下攻城④。攻城之法，为不得已⑤。修橹车贲⑥，具器械⑦，三月而后成，距⑧，又三月而后已。将不胜其忿而蚁附之⑨，杀士三分之一而城不拔者⑩，此攻之灾也⑪。

注释

①上兵伐谋：用兵的最上乘之法是在谋略上战胜敌人。上兵，上乘的用兵方法。伐，攻伐。伐谋，以谋略战胜敌人。②伐交：交，外交。通过外交手段分化瓦解敌国的联盟，扩大、巩固自己的联盟，以孤立敌人，在外交上战胜敌人。③伐兵：这里的『兵』指军队。伐兵，通过交战来战胜敌人。④其下攻城：《通典》、《太平御览》作『下政攻城』。⑤攻城之法，为不得已：运用攻打城池的手段是不得已才采取的。⑥修橹车贲：修造盾牌及攻城用的兵车。橹，以藤革为材料制成的大盾牌。车贲，以排木制作，上蒙生牛皮，下有四轮，可掩护十人，用来运土填塞护城河，能防城上以矢石攻击。⑦具器械：准备攻城用的器械。具，准备。⑧距：，通『堙』，此处为高于敌方城墙的土山。距，即构筑用以攻城的小土山。⑨将不胜其忿而蚁附之：指挥攻城的将领愤怒焦躁，驱使士卒像蚂蚁一样去爬梯攻

城。忿，愤怒，恼怒。蚁附，像蚂蚁一样附在上面。⑩杀士三分之一而城不拔者：士卒被杀三分之一，城池仍没有攻下的。士，士卒。拔，攻取。⑪此攻之灾也：这是攻城造成的祸害。攻，此处指攻城。

译文

所以，用兵的最上乘之法是以谋略战胜敌人，其次是通过外交取胜，再次是打败敌人的军队，下策是攻打敌方城邑。攻打城邑是实在不得已才采取的手段。修造攻城的大盾和四轮车，筹备攻城器械，要三个月才能完成。构筑攻城用的土山，又要用三个月才能结束。将帅抑制不住焦躁愤怒，驱使士卒像蚂蚁一样爬梯攻城，士卒伤亡三分之一，城邑还是没被攻下，这就是攻城带来的灾害。

原文

故善用兵者，屈人之兵而非战[①]也，拔人之城而非攻[②]也，毁人之国而非久也[③]，必以全争于天下[④]，故兵不顿而利可全[⑤]，此谋攻之法也[⑥]。

注释

①屈人之兵而非战：迫使敌人屈服而并不用直接交战的办法。屈人之兵，使敌人的军队降服。②拔人之城而非攻：占领敌方的城邑而不依靠强行攻城。③毁人之国而非久：灭亡敌国而不需旷日持久。④必以全争于天下：务求以全胜谋略争胜于天下。全，指以上所举『全国』、『全军』、『全旅』、『全卒』、『全伍』之『全』。⑤兵不顿而

利可全：军队不会受到挫折，而利益可以保全。顿，通『钝』，受挫。利，利益。⑥此谋攻之法也：谋攻，运用谋略以战胜敌人。法，法则、原则。

译文

所以善于用兵的人，使敌人屈服而不靠直接交战，夺取敌人的城邑而不是靠强攻，灭亡敌人的国家而不靠长久作战，务求以全胜的战略争胜于天下，因此，军队不会疲惫受挫，而胜利可以完满取得，这是运用谋略取胜的法则。

原文

故用兵之法，十则围之①，五则攻之②，倍则分之③，敌则能战之④，少则能逃之⑤，不若则能避之⑥。故小敌之坚，大敌之擒⑦也。

注释

①十则围之：在数量上有十倍于敌人的优势兵力，就采取包围的战术。②五则攻之：有五倍于敌人的兵力，就可以主动进攻。③倍则分之：有比敌人多一倍的兵力，就应分散敌人，目的是为了在局部造成超过两倍的兵力优势。④敌则能战之：敌我双方兵力相等，在一定的情况下要设法战胜敌人。敌，匹敌，此处指双方势均力敌。⑤少则能逃之：兵力数量上少于敌人时，要设法摆脱敌人。⑥不若则能避之：实际力量不如敌人时，要避免与敌人交战。不若，不如。⑦小敌之坚，大敌之擒：小敌，力量弱小的军队。坚，这里指坚守硬拼。大敌，力量强大的军队。擒，俘获。

这句是说，弱小的军队如果一味坚守硬拼，就会被强大的军队所俘获。

所以，用兵的原则是，兵力十倍于敌就包围它，兵力五倍于敌就进攻它，兵力两倍于敌就要设法分散它，兵力与敌相等就要善于抗击它，兵力少于敌人就要善于摆脱它，实力比敌人弱就要避免与它交战。因此弱小的军队如果只知固守硬拼，就会成为强大敌人的俘虏。

夫将者，国之辅也[1]，辅周则国必强[2]，辅隙则国必弱[3]。

①国之辅：辅，辅木，用以增强车轮支力。引申为辅助、辅佐。这句是说，将帅是国君的助手。②辅周则国必强：周，周密。辅佐周密，国家就会强盛。③辅隙则国必弱：隙，缺漏、缺陷。辅佐有疏漏缺失，国家就会危弱。

将帅是国君的辅佐，辅助得周密，国家就会强盛；辅助得有缺失，国家就会衰弱。

故君之所以患于军者三[1]：不知军之不可以进而谓之进[2]，不知军之不可以退而谓之退，是谓縻军[3]。不知三军之

事，而同三军之政④者，则军士惑⑤矣。不知三军之权，而同三军之任⑥，则军士疑矣。三军既惑且疑，则诸侯之难至⑦矣，是谓乱军引胜⑧。

注释

①君之所以患于军者三：作为国君对军队行动的危害有三种情况。患，危害。《武经七书直解》作『军之所以患于君者三』。②而谓之进：谓，告诉，此处意为命令。③縻军：束缚军队。縻，束缚。④不知三军之事，而同三军之政：不了解军队的内部事务而干预军队的行政。三军，周制，大国设三军，分为上、中、下三军，或分左、中、右三军。这里泛指军队、全军上下。同，这里是『干预、干涉』的意思。政，行政事务。《通典》作『不知军中之事，而欲同三军之政』。⑤则军士惑：那么将士们就会困惑。军士，这里指所有的将领及士卒。⑥不知三军之权，而同三军之任：不了解军队行动的权变机动，而干预军队的指挥。权，权变。任，统率、指挥。⑦诸侯之难至：别的诸侯国就要乘机进犯，招致灾难。难，这里指战乱、兵灾。⑧乱军引胜：扰乱自己的军队，导致敌人胜利。引，引导、导致。

译文

国君对军队行动的危害有三种情况：不了解军队不宜前进而命令军队前进，不了解军队不宜后退而命令军队后退，这叫做束缚军队；不了解军队内部的事务，而干预军队的行政，将士们就会困惑；不知道军队行动的权变，而干预军队的指挥，将士们就会产生疑虑。军队既困惑又有疑虑，就会招致别的诸侯国乘机进犯的灾难。这就叫做扰乱自

己而致使敌人获胜。

原文

故知胜有五①：知可以战与不可以战者胜②；识众寡之用者胜③；上下同欲④者胜；以虞待不虞⑤者胜；将能而君不御者胜⑥。此五者，知胜之道⑦也。

注释

①知胜有五：预见胜利的情况有五种。知，预知、预见。②知可以战与不可以战者胜：武经本作『知可以与战与不可以与战者胜』。汉简本作『知可而战与不可而战者胜』。③识众寡之用者胜：众寡，双方兵力的多少。用，使用、运用。懂得根据双方兵力多少而正确运用不同战法的就能获胜。④上下同欲：全军上下齐心协力。同欲，意愿一致。⑤以虞待不虞：以有充分准备对付没有准备。虞，有准备。⑥将能而君不御者胜：御，驾御，此处指制约、干预。这句是说，将帅有才能而君主不加以牵制的就可获胜。⑦知胜之道：预见胜利的方法。道，方法、规律。

译文

预见胜利可以根据以下五种情况：知道可以打或不可以打的，能够获胜；懂得根据双方兵力多少而正确运用不同战法的，能够获胜；全军上下齐心协力的，能够获胜；自己有充分准备来对付没有准备之敌的，能够获胜；将帅有才能而君主不加以牵制的，能够获胜。这五条，是预见胜利的方法。

原文

故曰：知彼知己者，百战不殆①；不知彼而知己，一胜一负；不知彼，不知己，每战必殆②。

注释

①知彼知己者，百战不殆：既了解对方也了解自己的，每次作战都不会有危险。殆，危险。②每战必殆：攻守之术皆不知，以战则败。

译文

所以说：了解敌人，又了解自己，即使百战也不会有危险；如不了解敌人，而了解自己，则会有时胜利，有时失败；既不了解敌人，又不了解自己，则每次作战必然都有危险。

经典事例

曹沬劫持齐桓公

齐桓公是春秋时期最先称霸的霸主。由于实力相当雄厚，齐桓公不断对外发起战争，扩大领土。公元前681年，齐国与鲁国多次交战，鲁国屡战屡败，鲁庄公只好割地求和，双方约定在柯（今山东阳谷东）地举行签约仪式。

鲁国有位大将姓曹，名沬。曹沬力大无比，又有智谋，对齐桓公以强凌弱的作法大为愤慨，但是，又奈何不了齐桓公，思来想去，决心乘鲁齐在柯地会盟之机，教训一下齐桓公。

齐桓公拥重兵到达柯地，曹沫作为鲁庄公的侍卫也参加了会盟仪式。仪式开始后，鲁庄公和齐桓公同时登上会盟仪式的『坛』，正在这时，曹沫突然跳到坛上，一手抓住齐桓公，一手拔出藏在战袍下的匕首，对准了齐桓公。齐桓公被这突如其来的袭击吓得面无人色，挣扎了几下，曹沫力大，齐桓公挣脱不了，只好颤颤惊惊问：『你……你想干什么？』

曹沫道：『你们齐国以强自恃，到处欺负我们小国，我们鲁国已经没有多少土地了，你还不放过，我现在只求你把齐国夺走的土地归还给鲁国，否则，我和你一起死在这里！』

齐桓公望着寒光闪闪的刀刃，说：『这……好办，我答……答应就是。』

曹沫说：『这样答应不行，你要当着坛下的贵宾和所有的人宣布，齐国归还鲁国的土地！』

这时坛下的齐国将士想上前营救齐桓公，但又害怕曹沫一匕首刺死齐桓公，一个个束手无策。齐桓公迫于无奈，只好照着曹沫的话当众宣布归还鲁国的土地。

会盟仪式结束后，齐桓公灰溜溜地回到齐国，越想越感到有失体面，不但不准备把土地归还鲁国，还想起兵灭掉鲁国。相国管仲劝道：『君子言必信，行必果，大王既然已经当众答应了鲁国，再兴兵伐鲁，岂不是失信于诸侯？这样做实在是因小失大！』

齐桓公对管仲言听计从，便把靠战争夺到的国土如数归还了鲁国。

晋与楚城濮之战

公元前632年的晋楚城濮之战，是春秋时期晋、楚两个诸侯国争霸中原的一次战争。在这场战争之初，楚国的实力强于晋国，而且楚国有许多盟国，声势浩大。城濮之战以楚国出兵攻宋，宋成公派人来晋求救为引子展开。但晋国并不靠近宋国，远道救宋，必须经过楚国的盟国曹、卫，形势于晋不利。可是，晋军制订了正确的战略战术，运用谋略争取了齐、秦两个大国的援助，取得了『伐交』、『伐谋』方面的优势，最终击败了楚军，争得了中原霸主的地位。

春秋时期，地处江汉之间的楚国日益强盛，它控制了西南和东面的许多小国和部落。在楚文王时期，楚国开始北上向黄河流域发展，攻占了申（今河南南阳北）、息（今河南息县西南）、邓（今河南漯河市东南）等地，并使蔡国屈服。楚乘齐桓公死后，齐自内乱，霸业衰落之机乘势向黄河流域扩展，控制了鲁、宋、郑、陈、蔡、许、曹、卫等小国，公元前638年，楚王在泓水之战中打败了宋襄公，开始向中原发展，期望成就霸业。

正当楚国图谋中原称霸之时，在今天的山西西南的晋国也逐渐强盛起来。公元前636年，流亡在外十九年的晋公子重耳在秦国的帮助下回国即位，称晋文公。晋文公即位后，实施一些改革措施和外交活动，逐步具备了争夺中原霸权的强大实力。

早在晋文公即位的那年，周襄王遭到他兄弟勾结狄人的攻击，王位被夺，文公及时抓住了这个尊王好机会，平

定了周室的内乱，护送周襄王回到洛邑。襄王以文公助王有功，便赐以阳樊、温（今河南温县西）、原（今河南济源西北）等地。晋文公遂命赵衰为原大夫，狐溱为温大夫，管理这一对争霸中原有战略意义的地区。由于晋文公抓住了『尊王』这块招牌，在诸侯中的地位大大提高。晋国势力的迅速发展，引起了楚国的不安。楚国急于想阻止晋国的进一步向南发展，而晋国要想夺取中原霸权，就非同楚国较量不可。因此，晋、楚之间的矛盾日益尖锐起来。

公元前634年，鲁国因和莒、卫两国结盟，几次遭到齐国的进攻，便向楚国请求援助。而宋国因在泓水之战中被楚国击败，襄公受伤而死，不甘心对楚国屈服，看到晋文公即位后晋国实力日增，也就转而投靠晋国。楚国为了保持其中原的优势地位，便出兵攻打齐、宋，并借以制止晋国的向南扩展。晋国也正好利用这一机会，以救宋为名，出兵中原。这样，晋楚两国的军事交锋便不可避免地发生了。

公元前633年冬，楚成王率领楚、郑、陈、蔡等多国军队进攻宋国，围困宋都商丘。宋国的公孙固到晋国告急求援。于是文公和群臣商量是否出兵及如何救宋。大夫先轸力劝晋文公出兵救宋，他认为，救宋既能够『取威定霸』，又报答了以前晋文公流亡到宋国时，宋君赠送车马的恩惠。但是宋国不靠近晋国，劳师远征救宋，必须经过楚国的盟国曹、卫；而且楚军实力强大，正面交锋也恐怕难以取胜。晋国的狐偃针对这一情况，建议晋文公先攻曹、卫两国，那时楚国必定移兵相救，那样宋之围便可解除。晋文公采纳了这一建议。尽管如此，晋国感到真正的敌人是楚，要对付如此强大的敌人，必须作好充分的准备。晋国按照大国的标准，扩充了军队，任命了一批比较优秀的贵族官吏出任军队的将领。

经过一段时间的准备，晋文公于公元前632年1月，将军队集中在曹国和卫国的边境上，借口当年曹国国君曹共公侮辱过他，要求借道卫国进攻曹国，遭到卫国拒绝。晋文公迅速把军队调回，绕道从现河南汲县南黄河渡口过河，出其不意地直捣卫境，先后攻占了五鹿及卫都楚丘，占领了整个卫地。晋军接着又向曹国发起了攻击，三月间，攻克了曹国都城陶丘（今山东定陶），俘虏了曹国国君曹共公。

晋军攻占了曹、卫两国，但楚国却依然用全力围攻宋都商丘，宋国又派门尹般向晋告急求救。晋文公开始感到左右为难了。不出兵救宋吧，宋国国力不支，一定会降楚绝晋；出兵吧，自己兵力单薄，没有必胜的把握，况且直接与楚发生冲突，会有忘恩负义之名（文公当初流亡路过楚国时，楚成王招待他非常周到，不仅留他住了几个月，最后还派人护送他到秦国）。这时，先轸分析了楚与秦、齐两国的矛盾，建议让宋国表面上同晋国疏远，然后由宋国出面，送一份厚礼给齐、秦两国，由他们去请求楚国撤兵，晋国则把曹共公扣押起来，把曹、卫的土地赠送给宋国一部分。楚国同曹、卫本是结盟的，看到曹、卫的土地为宋所占，必定会拒绝齐、秦的劝解。这样楚国就将触怒齐、秦，他们就会站在晋国一边，出兵与楚作战。晋文公对此计十分赞赏，且马上施行。楚国果然上当中计，拒绝了秦、齐的调停。而齐、秦见楚国不听劝解，大为恼怒，便出兵助晋。齐、秦的加盟，使晋、楚双方的力量对比发生了根本性的变化。

楚成王看到齐、秦与晋联合，形势不利，就令楚军从前线撤退到楚地申，以防秦军出武关袭击它的后方。同时命令戍守谷邑的大夫申叔迅速撤离齐国，命令尹子玉将楚军主力撤出宋国。子玉对楚成王回避晋军很不满意，他对成王说：『你过去对晋侯那么好，他明明知道曹、卫是楚的盟国，与楚的关系密切，而故意去攻打它，这是看不起你。』楚成王说：『晋侯在外流亡了十九年，遇到很多困难，而最后终于能够回国取得君位，也尝尽艰难，充分了解民情，这是上天给他的机会，我们是打不赢的。』但是子玉却骄傲自负，听不进楚成王的劝告，仍要求楚王允许他与晋军决战，并请求增加兵力。楚成王勉强同意了他的请求，但不肯给他多增加兵力，只派了少量兵力去增援他。于是，子玉以元帅身份向陈、蔡、许、郑四路诸侯发出命令，相约共同起兵，他的儿子也带了六百家兵相随。子玉自率中军，以陈、蔡军队为右军，许、郑军队为左军，风驰雨骤，直向晋军扑去。

子玉逼近晋军后，为了寻求决战的借口，派使者宛春故意向晋军提出了一个『休战』的条件：晋军必须撤出曹、卫，让曹、卫复国，楚军则解除对宋都的围困，从宋国撤军。晋中军元帅先轸提出一个将计就计的对策，以曹、卫与楚国绝交为前提，私下答应让曹、卫复国；同时，扣押楚国的使者，以激怒子玉来战。晋文公采纳了他的计策。子玉得知曹、卫叛己，使者又被扣，便恼羞成怒，倚仗着楚国的优势兵力，贸然带兵扑向晋军，寻求决战。

晋文公见楚军来势凶猛，就命令晋军后撤，以避开它的锋芒。有些将领不理解文公的意图，问文公：『没有交手，为什么就后退呢？』文公说：『我以前在楚的时候曾对楚王说过，如果晋楚万一发生了战争，我一定退避三舍。

我是遵守诺言的。』实际上，晋军的『退避三舍』，是晋文公图谋战胜楚军的重要方略。晋军『退避三舍』（九十里）后，退到了卫国的城濮，这里距离晋国比较近，后勤补给、供应方便，又便于齐、秦、宋各国军队会合；在客观上，『退避三舍』也能起到麻痹楚军、争取舆论同情、诱敌深入、激发晋军士气等作用，将晋军的不利因素变为有利因素，为夺取决战奠定了基础。

晋军退到城濮停了下来。这时，齐、秦、宋各国的军队也陆续到城濮和晋军会师。晋文公检阅了军队，认为可以与楚军决战。这时，楚军追了九十里也到达城濮，选择有利的地形扎下营，随后就派使者向晋文公挑战，晋文公很有礼貌地派了晋使回复子玉说：『晋侯只因不敢忘记楚王的恩惠，所以退避到这里。既然这样仍得不到大夫（指子玉）的谅解，那也只好决战一场了。』于是双方约定了开战的时间。

公元前632年4月4日，晋楚两军决战开始。晋军针对楚军中军强大，左右翼军薄弱的部署特点，和楚军统帅子玉骄傲轻敌，不谙虚实的弱点，发起了有针对性的攻击。晋军把驾车的马蒙上虎皮，出其不意地首先向楚军中战斗力量差的右军——陈、蔡军进攻，陈、蔡军遭到这一突然而奇异的进攻，惊慌失措，弃阵逃跑，楚右翼就很快崩溃了。

晋军同时也把进攻的矛头指向楚左军。晋军主将狐毛在指挥车上故意竖起两面镶有彩带的大旗，非常醒目，远远就可望见，狐毛和许、郑联军一接触，便故意败下阵来。在逃跑时，在车的后面拖了很多树枝，树枝刮起的尘土，遮天蔽日，给在高处观阵的子玉造成了错觉，以为晋军溃不成军了，于是急令左翼部队奋勇追杀。晋中军元帅先轸等到

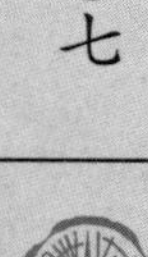

楚军已被诱至，便指挥中军横击楚军，晋上军主将狐毛回军夹击楚左军。楚左军退路被切断，陷于重围，基本就歼，子玉见左右两翼军都已失败，急忙下令收兵，才保住中军，退出战场，城濮之战最终以晋胜楚败而告终。

晋在城濮之战的胜利，首先在于晋国君、臣能够准确分析交战之初的客观形势及利弊，制订出了先胜弱敌、避免过早与楚正面交锋、争取齐、秦两国支持的谋略。随后，在决战之时，晋军敢于先退一步，避开楚军的锋芒，以争取政治、军事上的主动。此外，晋军『知己知彼』，能根据敌人的作战部署，灵活地选择主攻方向，先攻敌人的薄弱环节，各个击破，因而获得了这场战争的胜利。纵观城濮之战的整个过程，我们不能不得出这样的结论：克敌制胜的上策在于以谋略战胜敌人。

孙武子激流勇退

身怀匡扶社稷的才智，具有极高的军事、政治才干的人，自古并不多见，吴国的杰出军事家孙武就是这样的。但他更为人称道的不是他的赫赫功业，而是他知道忍受权利的引诱，善忍苟禄之心，激流勇退的品质。

孙武不仅是位杰出的军事家，还是位伟大的思想家。他面对风起云涌、危机四伏的政坛能够审时度势，在功成名就之时，激流勇退，善始善终，留得一世清名。

孙武，原是齐国人，田姓。其祖父是齐国的大夫，在战争中立过大功，孙姓是齐景公为表彰他的战功而赐予的。后来，由于田氏家庭与其他家庭之间发生争斗，结下仇怨，孙武为了避难，来到了吴国。

孙武少年时代就勤奋好学，特别喜欢听别人讲故事，故事的内容大多是关于战争的。孙武所处的年代，正是中国古代社会最动乱的时候，战事频仍，难得有太平盛世，所以，很多事情都与战争有关联。孙武听故事，不是为了满足好奇心，每次听故事都要寻根问底，得知究竟，然后还要细心品味，从故事中找出失败和胜利的原因。久而久之，他发觉故事里有许多精妙之处，在许多战例中，胜利和失败都有其共同点。于是他将这些体会用刀子刻到木板上记录下来，然后再根据故事中描述的情节，在兽皮上绘制成图，并做上标记。

孙武少年时代勤奋好学，刻苦钻研，为以后成为杰出的军事家奠定了基础。

孙武来到吴国以后，一面带领人垦荒种田，发展农业生产，一面继续潜心研究军事战争。

在刀光剑影、危机四伏的政治斗争中，孙武能够在成就一番事业后，做到激流勇退，明哲保身，与他看透官场黑暗和不求功禄是分不开的。孙武几十年如一日，不辞艰辛劳苦地苦心钻研军事，完全是因为对此产生了浓厚的兴趣，欲罢不能，并非为了高官厚禄，耀祖光宗。孙武最大的愿望，就是能够在田园中安静地度过一生。

公元前522年，楚国大臣伍子胥，迫于楚平王的追杀逃亡到吴国，投奔了吴王僚，后来被吴王僚的堂兄公子光，收为心腹。公子光因为属于他的王位被吴王僚所得，早已怨恨在心，一直预谋伺机夺回王位。伍子胥投奔吴王僚后，公子光发现伍子胥有过人的才智，大喜过望。但是，要想完成夺取王位这样的大事，仅有伍子胥是不够的，于是，公子光派伍子胥四处访贤，寻找人才。

伍子胥受命后，不辞辛苦地到处奔波，几乎走遍了吴国的大城小镇。刺杀吴王僚的勇士专诸，就是伍子胥在吴国的边境地区，一个叫做堂邑的小镇发现的。

孙武隐居在吴国，伍子胥对此已有耳闻，早就有去拜见的想法，又觉得像孙武这样的奇才大略之人，绝不是轻而易举就可以结交的，草率前去拜访，未免有些唐突，反而坏事，所以一直在寻找适当的机会。现在，自己的地位巩固了，而且有一定的声望，于是伍子胥决定前去拜见孙武。

伍子胥和孙武见面后，以十分诚恳的态度和孙武交谈。伍子胥一向富于心计，所以在谈话中，尽量避开一些敏感的问题，只是以仰慕的口吻，向孙武讨教一些问题。

伍子胥说：『我早已听过先生大名，十分敬慕，先生的才华和出身的高贵，更是我所不及的。以先生的学问和过人的韬略，用来治国必然能使小国变大，弱国变强。而先生隐居在这荒野田园，实在是埋没了盖世奇才啊！』孙武听到伍子胥的赞誉后说：『您的说法真是过奖了，实在担当不起，想我一个山野农夫，能有什么奇才呢？不过是会开荒种田而已。』

过了一段时间，伍子胥再次拜访了孙武。因为有了前次的基础，谈话有了新的内容，彼此也消除了顾忌，所以越谈越投机。孙武起身将伍子胥让到了内室，谈话继续进行。伍子胥说：『我听说先生研究兵法，已经很久了，能否给予指教呢？』孙武谦逊地说：『我不过为了减少些田野生活的寂寞，看一看先人打仗的故事，哪里能谈得上研究呢？

你过奖了。』伍子胥见孙武有意推辞，并不着急，继续以更诚恳的态度说：『我身怀大仇，亡命吴国，不知道未来是什么样呢。只是生就愿意结交天下豪杰，愿意听从贤士指教，先生能否满足我呢？』孙武见伍子胥确是以诚相待，如果再推辞，就过意不去了，于是和伍子胥谈了自己多年来研究军事战争的心得体会，并列举了许多战例，严密细致地剖析了成败原因。

通过这次交谈，伍子胥越发感到，要想使吴国强盛起来，父兄之仇得以雪恨，非孙武不能。

在伍子胥的精诚感动下，孙武这位有着盖世奇才的军事家，终于走出山野田园，步入政坛，到吴国做了吴王的军师。

经过几年的精心治理，吴国在各方面，都有了很大改观。吴王阖闾看到吴国现在兵多将广，人才济济，部队军纪严明，士气高昂，百姓丰衣足食，国库储备丰厚，认为已经具备了伐楚的条件，于是便召集群臣，说了自己的想法，征求大臣们的意见。伍子胥和其他大臣都认为，以现在吴国的军力、物力的强盛，兴兵伐楚，必能一举成功，大获全胜。

群情激昂，摩拳擦掌，仿佛胜利在望。只有孙武沉思不语，静坐一旁。

阖闾见状问道：『将军以为如何呢？』孙武起身答道：『大王和诸位所谈，固然不错，以吴国现在的实力看，是可以伐楚，但要取得战争的胜利，还要做到知己知彼。吴国虽然具备一定的实力，但还不足以攻必克，战必胜。楚国

自从杀了奸臣费无忌以后，民心安定，又连年粮食丰收，储备也一定很充足。楚国的军队也有着很强的战斗力。』孙武精透地分析了吴楚双方的国情、民情、军情，最后说：『要想做到出师必胜，绝不能仅靠士气和勇猛，以及实战时的运气，必须在战术上有必胜把握。』

孙武以吴楚彼此的实际情况为出发点的精辟透彻的分析，使阖闾和众臣都深感佩服。

孙武说：『我以为现在最重要的是设计使楚国的群臣之间发生矛盾，相互猜疑。坚固的堡垒，在内部容易攻破，进而使楚国发生内乱。另外，也可以派一部分军队，到楚国的边境地区，打一些小的战役。这样做一是使楚国受到骚扰，同时也可以向其他诸侯显示吴国的力量。』

公元前506年，吴楚两国爆发了一场大的战争，在这场战争中，孙武非凡的军事才能，得到了充分发挥。孙武针对楚国的情况，以及吴国的实力，制定出一套切实可行的作战计划。在粮草的准备和调兵遣将上，都做了精心的安排。

楚国得知消息后，也作了充分的准备。楚王命沈尹戍全面分析了吴楚两国军队的情况，并预测开战后，可能出现的各种局面，在全面分析预测的基础上，拟定了克敌致胜的策略。

沈尹戍命手下大将囊瓦，率兵守汉水南面，主要控制战船，防止吴军偷袭。自己率精兵两万，绕道吴军的后方，烧毁吴军战船，然后乘乱袭击吴军。战斗开始后，囊瓦迅速过江从正面向吴军发起进攻，这样一来，吴军就处于左右

受乱，背水一战的不利境地。

沈尹戌根据己方所处的地势，所采用的这种战术，可以说是制胜良策，如能实施，必能大败吴军。然而，孙武早已料定沈尹戌会这样做，就将计就计，等囊瓦发现已太晚了。在吴军的两面夹击下，楚军实在难以抵挡，死伤无数。楚军大败，吴军获得全胜。

十几年的戎马生涯，孙武为吴国的兴旺强盛，作出了重大贡献，尤其在伐楚的战争中，更是功高盖世，战争结束后，吴王阖闾大宴君臣，论功行赏，封官进爵。阖闾征求众臣意见，谁的功劳最大，众臣一致认为首功非孙武莫属。众臣们推举，正合吴王心愿，所有受赏的将臣中，孙武的赏赐是最丰厚的。

然而，出乎吴王阖闾的预料，孙武对吴王给自己的封赏坚决不受，而后又提出辞呈要告老还乡，解甲归田。对此，众人都大惑不解。

功成名就，厚禄高官，不但能够耀祖光宗，还有享不尽的荣华富贵。这是许许多多人的毕生追求，孙武却将这些看得十分淡漠。那么，孙武所追求的是什么呢？在给吴王阖闾的辞呈中，他说道：『臣本是乡野之人，承蒙大王厚爱，深感荣幸。吴国的强盛，征战的业绩，我只是尽了一点作为臣子应尽的义务，高官厚禄，实在不敢领受，这些战功、政绩的取得，都是大王的功德！如今，我年事已高，要做的事情往往心有余而力不足，继续留在大王身边，恐怕误了大事。请求大王恩准，让我回归田园，过清静平淡的生活。』

经过十几年的朝夕相处，孙武的为人和不贪功不争名的高贵品质，使阖闾十分敬佩。现在江山坐定，万象升平，阖闾实在不愿孙武此时离开，于是，派伍子胥前去劝说挽留。怎奈孙武去意坚决，任凭伍子胥劝言说尽，终不能使孙武回心转意。孙武说：『你知道我对功名官禄看得很淡，当初是您的诚意和友情感动了我，才来协助大王成就业绩，如今，这些都已经实现了，我又年老体衰，请替我在大王面前请罪，我将永远记住你的恩情。』

一代英豪，能够在功成名就后，不为官禄所动心，真是难能可贵。孙武除了对功名毫无追求外，还有其他原因。十几年的官场生涯，使他看清了黑暗之处，政治斗争的阴险狡诈，血腥暴虐，明争暗斗，尔虞我诈；为了权欲，采用的手段，无所不用其极，手段的残忍，心肠的狠毒，更是骇人听闻；军事战争的大肆屠杀，连年战乱给天下百姓造成的灾难，这些无不使孙武思之难寐，想之痛心。

忍住权力的诱惑，激流勇退，留得一世清名，可以说是孙武的又一过人之处。

卷四　形篇

原文

孙子曰：昔之善战者，先为不可胜①，以待敌之可胜②。不可胜在己，可胜在敌③。故善战者，能为不可胜，不能使敌之可胜④。故曰：胜可知而不可为⑤。

注释

①先为不可胜：首先要使自己能不被敌人战胜。为，造成。②以待敌之可胜：等待敌人可能被我战胜的时机。③不可胜在己，可胜在敌：使自己不被敌人战胜，主动权在于自己；而要战胜敌人，则取决于敌人有可乘之机。④能为不可胜，不能使敌之可胜：能创造不被敌人战胜的条件，但是不能使敌人一定会有被我战胜的时机。《通典》、《太平御览》后句作『不能使敌必可胜』。⑤胜可知而不可为：胜利可以预见，而不能强求。

译文

孙武说：过去善于用兵作战的人，总是首先做到自己不会被敌人战胜，然后等待敌人可能被我战胜的时机。使自己不被敌人战胜，主动权在自己；而要战胜敌人，则在于敌人有可乘之机。所以善于用兵的人，能创造条件不被敌人战胜，但不能使敌人一定会被我战胜。因此说，胜利可以预见，而不能强求。

原文

不可胜者，守也①；可胜者，攻也②。守则不足，攻则有余③。善守者，藏于九地之下④；善攻者，动于九天之上⑤。故能自保而全胜⑥也。

注释

①不可胜者，守也：使自己不被敌人战胜，关键在于防守得当。②可胜者，攻也：要想战胜敌人，则关键在于进攻得当。③守则不足，攻则有余：采取守势是由于取胜条件不充分，采取攻势则是由于取胜条件有余。『不足』、『有余』也可理解为兵力的少与多。汉简本作『守则有余，攻则不足』。④善守者，藏于九地之下：善于防守的人，如同藏在极深的地下一样，巧妙地隐藏军队的行动，使敌人难以探明实情。九，古人认为是数中之最大者。九地，形容极深的地下。⑤善攻者，动于九天之上：善于进攻的人，如同自高不可测的天上而降一样，使敌人不及防备。形容进攻行动的突然、迅速。九天，极高的天上，犹言九霄。动，行动，这里指进攻的行动。⑥自保而全胜：既能使自己保全，又能取得完全的胜利。

译文

要使自己不被敌人战胜，在于防守得当；要想战胜敌人，在于进攻适时。采取防守，是由于兵力不足；采取进攻，则是由于兵力有余。善于防守的人，隐蔽自己的行动像深藏于地下；善于进攻的人，行动时像自九霄而降。因此，既能保全自己，又能夺取完全的胜利。

原文

见胜不过众人之所知①，非善之善者也；战胜而天下曰善②，非善之善者也。故举秋毫不为多力③，见日月不为明目，闻雷霆不为聪耳④。古之所谓善战者，胜于易胜者也⑤。故善战者之胜也，无智名，无勇功⑥。故其战胜不忒⑦。不忒者，其所措必胜⑧，胜已败者⑨也。故善战者，立于不败之地，而不失敌之败也。是故胜兵先胜而后求战⑩，败兵先战而后求胜⑪。善用兵者，修道⑫而保法⑬，故能为胜败之政⑭。

注释

①见胜不过众人之所知：能预见胜利，但是超不出一般人的认识。②战胜而天下曰善：经过交战而取胜，天下人都夸赞。《太平御览》作『战胜而天下曰军善』。③举秋毫不为多力：能举起秋毫算不上力气大。秋毫，兽类在秋季新生的细毛，比喻极为轻微的物体。④闻雷霆不为聪耳：能听见雷声算不得耳朵灵敏。聪，听力敏锐。⑤胜于易胜者也：取胜于容易战胜的对手。易胜者，容易取胜的敌人。《太平御览》作『胜胜易胜者也』。⑥故善战者之胜也，无智名，无勇功：善于用兵作战的人取得胜利，并不显出智谋的名声和勇武的战功。汉简本作『故善者之战，无奇胜，无智名，无勇功』。⑦不忒：忒，差错、失误。不忒，即无差错。⑧其所措必胜：措，措置、举措。⑨胜已败者：战胜的是已经处于失败地位的敌人。⑩胜兵先胜而后求战：打胜仗的军队总是先争取得胜的条件，然后再去与敌人交

战。胜兵，取胜的军队。先胜，先创造取胜的条件。《尉缭子·攻权》：『兵不必胜，不可以言战；攻不必拔，不可以言攻。』同样强调要打有把握之仗。⑪败兵先战而后求胜：打败仗的军队总是贸然交战，然后期求侥幸取胜。⑫修道：『修明不被敌所胜之道。⑬保法：确保必能胜敌之法度。⑭故能为胜败之政：所以能够主宰胜败。政，此处为主宰、决定之意。

译文

能预见胜利但不超出一般人的见识，不是高明中最高明的；经过交战而取胜，天下人都说好，也不是高明中最高明的。这就如同能举起秋毫算不上力大，能看见日月算不上眼明，能听见雷声算不上耳灵一样。古时候所谓善于用兵的人，总是战胜那些容易取胜的敌人。所以善于用兵的人取得胜利，并不显露智谋的名声和勇武的战功，他们的获胜是不会出差错的。之所以不会出差错，在于他们的作战措施建立在确有把握的基础上，战胜的是已经处于失败地位的敌人。善于用兵的人，总是使自己立于不败之地，同时不放过任何战胜敌人的机会。因此，打胜仗的军队总是先去创造胜利的条件，而后才去与敌人交战；而打败仗的军队，总是先贸然与敌人交战，而后企求侥幸取胜。善于用兵的，要修明不被敌所胜之道，确保必能胜敌之法度，所以能够掌握胜败的决定权。

原文

兵法①：一曰度②，二曰量③，三曰数④，四曰称⑤，五曰胜。地生度⑥，度生量⑦，量生数⑧，数生称⑨，称生胜⑩。

故胜兵若以镒称铢⑪，败兵若以铢称镒。胜者之战民也⑫，若决积水于千仞之溪者⑬，形也⑭。

注释

①兵法：用兵的原则。汉简本作『法』。②度：指国土面积的大小。③量：估量人力和储备。④数：兵力数量的多寡。⑤称：实力状况的对比。⑥地生度：双方地域的差异，产生『度』的不同。⑦度生量：地域面积的差异，产生物资资源的『量』的不同。⑧量生数：物资资源的差异，产生兵力众寡的『数』的不同。⑨数生称：兵力数量的差异，产生军事实力对比的『称』的不同。⑩称生胜：双方军事实力对比的差异，决定了战争胜负的不同。⑪胜兵若以镒称铢：胜利的军队对失败的军队拥有实力上的绝对优势，就像用镒称铢一样轻而易举。镒、铢，都是古代的重量单位。一镒为二十四两，一两为二十四铢。按此换算，一镒等于五百七十六铢，二者轻重悬殊。⑫胜者之战民也：胜利者指挥士卒作战。民，这里指士卒。战民，指挥士卒作战，与卷五《势篇》中『任势者，其战人也，如转木石』之『战人』意思相同。⑬若决积水于千仞之溪者：就像在千仞高处决开溪中的积水那样。仞，古时长度单位。千仞，非确数，用以形容极高。⑭形：此处指的是军事实力。

译文

用兵的原则有五条：一是『度』，二是『量』，三是『数』，四是『称』，五是『胜』。由于双方所处地域的差异，产生土地幅员『度』的不同；地域幅员的差异，产生物资资源『量』的不同；由物资资源的差异，产生兵力众寡

『数』的不同；由兵力数量的差异，产生军事实力强弱『称』的不同；由军事实力强弱的差异，决定战争的胜败。因此，胜利的军队与失败的军队相比，就像以『镒』来称『铢』一样，处于绝对优势；失败的军队与胜利的军队相比，就像以『铢』称『镒』那样，处于绝对劣势。胜利者指挥士卒作战，就像在千丈高处决开山涧中的积水一样势不可挡，这就是表现为军事实力的『形』。

经典事例

石为国计灭亲

东周末年，卫庄公有三子，长子名桓，次子名晋，三子名州吁。

州吁生性暴戾，喜武谈兵，动辄讲攻讲杀，但庄公非常喜爱他，任其所为，一点也不加禁止。

大夫石是正直的人，国人对他很信任。他曾规劝过庄公，说：『凡做父母亲的，对子女要严加教育，不要溺爱过甚，纵得太过必生骄，骄必生乱，这是必然规律。主公若想把王位传给州吁，便马上立他为继承人，不然的话，就要管制他，叫他不要这样横行放肆，免得日后搅出骄奢淫逸的祸患。』

这些话，庄公当作了耳旁风，对州吁的行动，照样不加干涉。

石有一个儿子石厚，和州吁的个性一样，好似天生一对宝贝，经常同玩同游，并车去打猎，骚扰民居。石看不过眼，将石厚鞭责了一顿，并把他锁在一间空房里，不准他再出外去惹是生非。可是石厚怙恶难驯，野性不改，竟然爬墙跑了，一直躲在州吁府里，不敢回家。石没奈他何，只好装聋作哑，把气忍在肚里。

不久，卫庄公死了，公子桓继承了王位，叫做桓公。桓公生性懦弱，毫无主张。石见他这样无所作为，而州吁又是那样嚣张，料定将来一定会生乱子，于是借口年老，辞职归家躲起来，对朝政不理不问。这样一来，州吁更加肆无忌惮了，日日夜夜和石厚商量怎样去夺取王位。

适巧周平王死了，太子即位，这是国家的一件大事，各地诸侯要亲往去吊唁，卫桓公也整装准备入朝去。

石厚见到这个机会，欢天喜地对州吁说：『大事可成了，这一个难得的机会，千万不要放过！』

『有什么计划没有呢？』州吁问。

『当然有啦！』石厚接着说，『明天不是桓公要起程入朝吗？你可设宴在西门外，假意给他饯行，预先埋伏五百名勇士在门外，敬酒的时候，乘机把他杀死。如有哪一个不服从的，立即将他消灭，这样你就唾手可得王位了。』

州吁顿时眉飞色舞起来，着令石厚去部署一切。

次日一早，桓公便出发了，州吁把他迎入公馆里去，筵席早已摆好，客气一番之后，州吁便躬身向桓公敬酒，说：『兄侯远行，臣弟特备薄酒与兄侯饯别！』

桓公说：『又叫贤弟费心了，我此行不过个把月就可以回来了，敢烦贤弟暂时代理朝政，小心在意！』

『兄侯放心，小弟会特别小心！』州吁说完，忙斟满一杯酒，奉给桓公，桓公一饮而尽，亦斟了杯酒回敬州吁，

州吁双手去接，诈为失手，酒杯跌落于地，慌忙拾取，亲手把杯子洗涤，桓公不知这里有阴谋，叫左右另取一只酒杯来，想再敬州吁一杯，州吁乘机跳到桓公背后，掏出刀子，向桓公背后猛刺，桓公便这样当场被杀死。

随行的臣子大吃一惊，但平时已知道州吁的武功非同一般，石厚又引军把公馆团团围住，自知不能反抗了，只好投降归顺。

州吁很快就把桓公的尸体埋葬好，向外界说是得了急症暴卒的，自立为君，拜石厚为上大夫，他的二哥公子晋着了慌，也逃到邢国去求政治庇护。

州吁即位三天，听到外边沸沸扬扬，都在传说他弑兄夺国的事，因此又和石厚商议起来。他说：『你听见外面的话没有？全国人民都在说我的坏话了。看来，惟有施展武威向邻国打它一次胜仗，借此来压制国人的反抗情绪。你说应向哪一个国家动兵呢？』

『那自然要攻打郑国，郑国侵略过我国，正好趁机报仇雪耻！』石厚很高兴地回答。

他们计议停当，立即动员向郑国发动攻势，在五天内果然打了一个胜仗，石厚便下令班师。

『为什么？』州吁惊讶地问，『大军还未接触就要班师？』

石厚请州吁屏退左右，秘密地告诉他：『郑国的兵素称强悍，我们没有什么胜利把握，现在打了个小胜仗，足可以向国人示威一番了。何况主公登位未久，国事未定，若久留在外，恐怕国内有变乱呢！』

『你真想得周到，我还没有考虑到这一点哩！』

于是石厚得意洋洋地下令班师，叫兵士沿途高唱凯歌，拥着州吁浩浩荡荡地班师回朝。

可是，国人仍然不拥护他们，到处是冷嘲热讽的咒骂。

『打了胜仗回来，国人还是不服从呢，还有什么办法？』州吁又请教石厚说。

『那只有这样：我父亲是一个正直的人，国人对他很尊重，不如主公把他再征入朝，给他一个重任，国人一定没有话说了。』

『对！我几乎忘记了。』

州吁即命人带来了很多名贵的礼物去聘石人朝议事。

石推辞说：『我年老了，病又一天天地重下去，就是上朝也动不得了……』州吁又问石厚：『你父亲已托病不肯人朝，我想亲身去向他请教一个办法好不好？』

『主公亲往，他也未必愿见，还是我回家去一趟，代公先说句好话，看他的意思怎样！』

石厚于是回家去了，石问他：『新主要召见我，究竟为着什么？』

石厚告诉父亲，说：『就因为国人对新主没有好感，诚恐王位不稳，故想请父亲决一良策！』

『这有什么困难？』石说，『凡是诸侯即位的，必先禀告王朝才算真王，如果新王能得到周天子的诰命，国人还

会说什么呢？』

『这意见十分好，但现在无人能入朝去，恐怕天子会起疑心，最好先派一个能在天子面前说得着话的人去疏通一下，但谁可担当此任呢？』石厚说完，向父亲投下希望的一瞥。

『那还不容易！』石抖擞一下精神说，『目前周天子最相信的是陈国的桓公，只消他一说，包会成功。如果新主能亲往陈国走一趟，央陈桓公帮帮忙，这件事绝不会让人失望的。』

石厚把这番话告诉州吁，州吁不胜欢喜之至，立即备好礼物，带了石厚到陈国去。

石和陈国的大夫子鍼很是相好，他见机会来了，乃割指沥血写了一封信，托一个心腹人带往陈国，秘密交给子鍼，托他转呈陈桓公。陈桓公拆开信，这样写着：

『外君石晙百拜致书陈贤侯殿下：卫国不幸。天降重殃，竟出弑君之祸。此虽逆弟州吁所为，实臣之子石厚贪位助桀。二逆不诛，乱臣贼子行将接踵于天下矣。老夫年迈，力不能制，负罪先公，今二逆联军入朝上国，实出老夫之谋，幸上国拘执正罪，以正臣子之纳，实天下之幸，不独臣国之幸也。』

陈桓公看罢，便问子鍼：『你看这件事咋办？』

子鍼毫不考虑地回答：『我国和卫国素相亲睦，守望相助。卫国的不幸，亦即我国的不幸。他们来，乃是自投罗网，切不能放他们回去！』『好，就这么办！』

于是便定下擒州吁之计。

州吁和石厚威风凛凛地到了陈国，陈国桓公特派公子佗出郭迎接，安置他们在一间华丽的馆舍里，致陈侯仰慕之意，并请第二天在太庙里接见。州吁见主人这么殷勤客气，心里非常欢喜。

翌日，太庙上摆设得肃穆堂皇，陈桓公站在主位，左右文官武将排列得很整齐。

大夫子鍼先陪石厚到来，一上石阶，石厚一眼瞥见门口竖立一个白牌，写着『为臣不忠，为子不孝者，不得入此庙』14个大字，顿时心里一怔，回头问子鍼：『立这个牌是什么意思？』

子鍼很有礼貌地向他解释：『这是上几代立下来的规矩，已经有几十年了。』

石厚才把心放下。不一会儿，州吁驾到，站在宾位，赞礼的高唱，请入庙去行礼。州吁把衣冠一整，方要鞠躬行礼，子鍼大声高呼：『奉周天子命令，擒拿弑君贼州吁、石厚两人，余人俱免！』

话声未完，已先把州吁拿住，石厚急忙拔剑想抵抗，一时着急，拔不出鞘，只用手格斗，打倒了几个人，但埋伏在左右壁厢的武士一拥而上，把石厚也捆绑起来。

门外的车马随后，一时不知所措，子鍼出去向他们抚慰一番，并当众宣读石的信。大家才知道是卫大夫石主谋，便一哄而散，跑回卫国去。

陈桓公想将州吁、石厚就地正法，左右臣子却异口同声说：『石厚乃石的亲生子，况且这件事又是他策划的，未

知他的意思怎样？不如请他自己到来，把两人交还给他亲自处置好了，才可以避免误会。』于是把州吁和石厚分别监禁起来，连夜使人到卫国去通知石。

石自从告老居家之后，未曾出过门口半步，今早见陈国有使命到，心里便明白一切，即令人驾车伺候，准备上朝，再派人通知各文武官员出朝相见。

各官员见石破例要上朝议事，很是惊奇，便怀着焦急疑惑的心情齐集在一起，石到来了，当众宣读陈侯的来信，谓州吁和石厚已被陈国拘禁了，专等卫大夫亲自发落。

『各位都明白一切了，要怎样处置这个忤臣逆子？』石问。

『这是国家大计，全凭国老主张是了。』群臣齐声答。

石继续说：『两个逆徒罪恶昭彰，俱杀无赦！不明正典刑，何以谢先灵？有谁肯到陈国去诛两逆贼？』

右宰丑站了出来说：『乱臣贼子，人人得而诛之，州吁此畜生，我去解决他！』

有几位大臣跟着说：『主谋人州吁明正典刑是天公地道，但从犯石厚，似可以从轻发落——』

话未说完，石将眼一睁，拍案大叫起来：『州吁之恶，皆由逆子所酿成，各位说要从轻发落，岂不成怀疑老夫徇私？我要亲自去，亲手杀此不忠不孝的逆贼！』

家臣獳羊肩连忙说：『国老不必发怒，我愿意去执行国老的命令！』

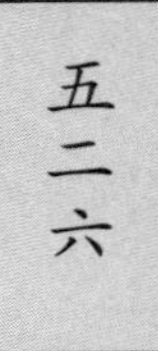

他两人赶到陈国，谢过陈侯，先后去执行任务。先把州吁押赴市曹，州吁对右宰丑说：『我是君，你是臣，安敢犯我？』

右宰丑说：『你兄长为君，你为臣，你却把他刺死了，我现在不外跟你学一学罢了。』

说完，一刀下去，州吁顿时身首异处。

獳羊肩把石厚押出来，石厚向他求情，说：『我自己是知道死有余辜的了，但事到如今，只请你把我押回卫国去，见父亲的最后一面，然后就死！』

獳羊肩说：『我奉你父亲命令而来，着即就地正法。你如要见见父亲，我带你的头回去见见好了！』

不由石厚再说，一刀从脖子里捅过去，什么都完结了。

长勺之战鲁胜齐

长勺之战，是春秋时期齐国（今山东东北部）和鲁国（今山东西南部）之间进行的一次战争。

齐国是春秋时期最强的诸侯国之一。公元前686年，齐襄公被叔伯弟弟公孙无知杀死，公孙无知即位不久又被大臣们杀掉，国君的位置空了下来。当时齐襄公的两个弟弟逃亡在外：公子纠和师傅管仲在其舅父鲁庄公处避难；公子小白随师傅鲍叔牙在莒国（今山东莒县）避难。他们都想赶回齐国称君。

鲁庄公为了让公子纠夺得王位，一方面派兵护送他回齐国，另一方面派管仲带兵拦截公子小白。管仲追上公子小

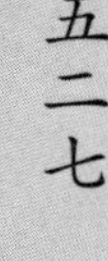

白后，一箭射中他的铜带钩。小白将计就计，咬破嘴唇，口吐鲜血，佯装死去。管仲信以为真，回报公子纠。公子纠不慌不忙地向齐国进发。等他到了齐国国境，才知公子小白早就抵达齐国都城临淄，做了齐国国君，就是齐桓公。公子纠和管仲只好仍回鲁国安身。国君之争使齐、鲁两国关系趋于恶化。

公元前685年秋，齐、鲁两国在齐国境内的乾时（今山东临淄西）大动干戈，鲁国战败。不久，齐将鲍叔牙乘胜追击，以围攻鲁国要挟庄公，杀死公子纠，交出管仲。鲁庄公无奈，只得逼死公子纠，把管仲送交齐军。

管仲是个很有才干的人，齐桓公不念旧恶，拜其为相。管仲建议齐桓公对内革新政治，整顿军事，对外结好诸侯，待力量强大后再扩张势力。齐桓公急于向外扩张，没有采纳管仲的意见，于第二年春拜鲍叔牙为将，攻鲁。

鲁国在乾时战败后，加紧训练军队，赶造各种兵器，并疏通了国都曲阜以北的洙水，加强了守备。面对齐国的进攻，鲁庄公决心动员全国力量决一胜负。

鲁国有个名叫曹刿的人，很有谋略，他主动求见鲁庄公，同他分析战争的有利和不利因素，认为国君取信于民，得到『国人』支持，可以一战。之后，曹刿请求随鲁庄公出战，鲁庄公答应曹刿的要求，和他同乘一辆战车，率鲁军抗齐。

当时，齐军仗着兵强马壮，连续进击，深入鲁国。鲁国兵少国弱，避开齐军锋芒，采取守势，退到利于反攻的长勺（今山东莱芜北）以逸待劳，准备决战。

齐将鲍叔牙因一时得胜，产生轻敌思想，攻到长勺后，刚稳住阵脚便向鲁军发动猛烈进攻，刹时战鼓声震天动地。

鲁庄公见鲁军受到威胁，非常焦急，立即要命令击鼓，进行反击。曹刿连忙阻止说：『不要击鼓反击，现在齐军士气正旺，如果我军出击，正合敌意，不如坚守阵地，避免正面交锋，消磨其锐气。』鲁庄公认为有理，传令军中不许乱动。

这时，齐军随着鼓声冲杀过来，眼看就要攻入鲁军阵地。突然，鲁军万箭齐发，齐军被迫后退。齐军求胜心切，一连擂了三次战鼓，发动三次冲锋，但始终没能同鲁军正式交锋。齐军将士们人人泄气，个个疲劳。

曹刿看准时机，对鲁庄公说：『现在正是打败齐军的时候，请马上下令击鼓，发起反击。』鲁军阵地战鼓一响，士兵们斗志正旺，争先恐后地冲向敌军，以迅雷不及掩耳之势，冲垮了齐军阵地。

鲁庄公见齐军败，准备下令追击，曹刿又制止说：『先不要追，等我看看敌人是真败还是假败。』他跳下战车，查看了齐军列阵之处和车辙，接着又蹬上战车，仔细观察了齐军的旌旗，然后对鲁庄公说：『可以下令追击了。』鲁庄公下追击令，鲁军军心大振，杀声震天，很快追上齐军，经过一场厮杀，终于把齐军赶出了国境，取得全胜。

战后，鲁庄公问曹刿：『为什么要在齐军三次击鼓冲锋后，才发动反击？为什么齐军溃退时不立即追击？为什么要查看齐军的车辙和旌旗？』曹刿回答说：『打仗凭的是一股锐气。当士兵听到第一次冲锋的鼓声时，士气正旺；

如果第一次冲锋没有成功，再次击鼓冲锋时，士气已经衰退；到三次击鼓冲锋时，士气已耗殆尽了。这时我军擂响战鼓，激发士兵斗志，彼竭我盈，所以能一鼓作气，战胜齐军。齐国是大国，我们不能低估它的实力。齐国开始溃退时，我怕他们诈败，因此劝你不要立刻追击。后来，我见齐军车辙混乱，旌旗东倒西歪，由此可见齐军十分狼狈，是真的溃败，所以我才请你下令追击。』鲁庄公听了非常佩服。

长勺之战是一个典型的以弱胜强的战例。鲁国作为一个弱国之所以能够打败强大的齐国，就在于鲁国在战前作了充分的准备，创造了必胜的客观条件。这正是《孙子》形篇中所强调的『胜勇先胜而后求战』的原则。战前，鲁庄公实行了一些取信于民的措施，在一定程度上得到了民众的支持。其次，鲁国根据敌强我弱的客观条件，采取了守势，当齐国军队士气低落时，鲁国抓住这一战机，后发制人，从而取得了战争的胜利。

邲之战楚败晋军

晋楚城濮战后，秦、晋发生崤函之战，两国关系破裂，晋陷于对秦对楚两面作战的不利处境。成公时期，缺执政，采取东和赤狄、西连白狄策略，晋西顾之忧减轻，腾出力量对楚。好在楚在这一期间，国内外也发生了一系列变故，晋楚双方没有发生大的战争。楚庄王继位，逐渐解决了内部矛盾，整军备战，势力又趋强大，再次积极推进争霸中原的战略意图。晋为维持盟主地位，在国力日渐衰落的情况下，也不得不起而与楚抗争，于是形成晋楚两霸的重新竞争对抗。楚争陈攻郑，晋援郑攻陈。短时间内楚向郑发动六次进攻，晋援郑攻陈两次，并和楚发生两次规模不大的战争。此去彼来，大规模战争已经无法避免，战役就是在这样的形势下发生的。

公元前597年春，楚庄王以郑国通晋叛楚为罪名，大举讨伐郑国。经过十七天紧张、激烈的战斗，郑国势穷力竭，守城的男女士卒嚎啕痛哭。楚军以为郑国无力再抵抗，便略向后撤退。而郑襄公则趁机修缮城墙，男女一齐登城巡守，又共同战斗，楚军见状便再次对郑国展开进攻。郑国奋力抗击，战事延续到四月，郑军终于因支持不住，国都被楚攻破。郑襄公肉袒牵羊向楚庄王谢罪，两国议和，楚军退十五公里驻扎于郔（今河南郑州市北）。

郑国处于中原要地，介于晋楚之间，是两霸战略上必争之地，晋国怎能允许楚国控制这里，所以当他闻知郑国被围，便立即派荀林父为中军元帅，先谷佐之；士会为上军主将，郤克佐之；赵朔为下军主将，栾书佐之；赵括、赵婴齐为中军大夫，韩穿、巩朔为上军大夫，荀首、赵同为下军大夫，韩厥为司马，率兵车六百辆，步卒4万人，浩浩荡荡向郑国进发。然而，当晋军刚刚行至今河南省黄河北岸的温县时，即闻楚军已与郑议和南撤了。这样，摆在晋军面前的只有两种选择：要么继续进军渡河与楚军发生冲突，爆发晋、楚城濮战后的第二次大规模战争；要么停止进军，待机而动。晋军内部在这两种选择上发生了严重的分歧和剧烈的争执：中军元帅荀林父认为，郑国既然已经投降楚国，我们已失去救郑的时机，不如等楚国撤兵南归后，我们再讨伐背晋降楚的郑国，如此便可不与楚国作战，而仍可恢复对郑的控制，上军将领士会赞成荀林父的主张，并说：『用师只观衅而动，楚此时无隙可乘，孙叔敖任令君以来，军政设施，德、刑、政、事、典、礼等方面取得了很重要的成就，做到了国富兵强，已是不可征服的国家。』『见可而

进，知难而退，军之善政，兼弱攻昧，武之善经也。』但士会的正确建议，却遭到勇而无谋、极好逞强的中军副帅先谷的反对。他认为：『威师以出，闻敌强而退，不是大丈夫』，并擅自率兵渡河前进，想在战斗中一露身手，只会纸上谈兵的赵同、赵括，随先谷而去，他们的自由活动严重破坏了晋军的指挥系统，软弱无能的荀林父如热锅上的蚂蚁，急得团团转，不知如何是好。就在他犹豫不决、毫无主见的情况下，司马韩厥提出：『先谷以偏师陷敌，势必会招致危险。部属不听命令，是元帅的罪过，你不如命令全军前进，这样即使打不赢，有罪也是大家共同承担。』荀林父听了韩厥的话，无奈只得命令全军在衡雍（今河南省郑州市东）渡河。晋军由此走上了被动之途。

晋军渡河推进到敖、鄗（河南省荥阳县境内的两个山名）地区，列阵以待。大战即将开始，但此时的晋中军、下军却无作战计划，只有上军士会与副帅郤克等决定所属上军的作战计划：于山前沿分别设置7处伏兵，郤克和巩朔、韩穿提任伏兵指挥。

晋军由衡雍渡河的消息传到楚营，楚庄王、孙叔敖怕受晋军渡河的战略奇袭，立即从郔禀（今河南郑州市北）转移到荥阳以东地区，打算收兵南返，避免在不利形势下与晋军作战。孙叔敖认为：郑未降服，应与晋战，郑已降服，何必寻仇于晋？全师而归，万无一失。而伍参则反对撤退，极力主战。孙叔敖斥责道：『若战事失利，虽食伍参的肉，岂能赎主战之罪？』庄王同意孙叔敖的建议，由孙叔敖发布南返的命令。但伍参深悉晋军内部实情：荀林父优柔寡断，诸将意见分歧，多不听令。便不顾一切地向庄王陈述：『荀林父初任执政，难以号令全军；副帅先谷刚愎不

仁、不肯服从命令；三军主帅专行不获，我们此次应战，定胜无疑。』庄王听后也感到就这样收兵回国逃避战争确实是一种耻辱，于是断然推翻南返的决策，复转而向北前进。楚军很快到达管地（河南省郑州市）与晋军遥相对峙。

楚庄王采取孙叔敖的意见，自己先按兵不动，而是让郑襄公派人对晋军说：『郑国服从楚国，乃是为了自己的社稷，对晋国并无二心。楚军因骤然获胜而骄傲异常，未加设防，贵军若发动进攻，郑军可为内应，一定能把楚军打败。』这明明是借郑人之口劝说晋军与楚军作战，以便楚军击败晋军。面对郑国的劝战，晋军内部又出现了两派不同的主张：一派以先谷为首，力主决战，通过打败楚军来服郑；一派以栾书为首，认为郑国劝战纯粹是为了自身考虑，以便在晋楚之间择强而从，切不可轻信。荀林父犹豫于两派意见之间，迟迟未作决定。这时，楚军又亲自派使节对晋军说：『楚军此次行动，乃是继承楚国成、穆二王的先例，抚定郑国而已，并不敢开罪于晋，请晋军不必留在此地。』晋国也愿意讲和休战，便以『王命』为辞，派人答复道：『昔日周平王命令晋国和郑国共同夹辅周室，如今郑有二心，所以我们特奉王命质问郑国，并无与楚对阵的意思。』但先谷则认为这样的回答太软弱，有谄媚敌人之意，并擅自将答辞改为『必逐楚军，无避战』。其实，楚国此次遣使，并不是真心与晋国讲和，目的却在于探察晋军的意向与虚实，并给各方诸侯造成楚要和、晋要战，楚直晋曲的影响，先谷的举止恰合楚军之意。当楚庄王明了晋军上下意见分歧的情形后，再次假意派人以卑屈的言辞向晋军求和，就在晋军等待与楚军谈判的时候，楚军突然派出小股兵力，向晋军发起袭扰，请盟变为挑战，楚军进攻迫在眉睫，晋将鲍癸闻悉楚军挑战，即率兵车分3路追击，而此时晋将

魏锜也以与楚军讲和为借口，率部向楚军进攻，楚将潘党亲自率兵车前来迎敌……双方挑战与应战，揭开了晋楚邲战役的序幕。

就在魏锜前往楚营挑战遭到潘党追击之际，晋将赵旃也以同样理由开往楚营，他们停车于楚营门外，并派士卒进楚营挑战。进入楚营的士卒，杀人放火、彻夜骚扰，造成一片混乱。待至天色黎明，楚庄王便亲率左广驱逐赵旃，赵旃乘车逃奔松林口，屈荡下车与赵旃搏斗，一把抓住赵旃的甲裳，而赵旃却轻身逃脱，此时又见前面尘埃四起。原来，在荀林父派魏锜、赵旃前往楚营请和时，为防止发生意外，另派荀莹率车屯车（体积比较大，防御用的兵车）前往接应，这正是车屯车带起的尘埃。楚军以为晋大军到达，立即向楚庄王报告。令尹孙叔敖担心楚庄王追逐挑战的晋军，有被晋军包围的危险，急忙饬令大军全部出动。楚庄王遥望北方尘埃高度有限，料定不是晋军主力，于是饬令全军，按照战前部署：楚左军攻击晋上军；右军攻击晋下军；中军攻击晋中军。他们迅速前进，并首先歼灭了孤军深入的晋军魏锜、赵旃部及荀林父派来接应他们的兵车，又车驰卒奔、蜂拥蚁附直冲晋营。

这时，荀林父还在营中幻想楚军派使者来讲和，哪知早已大敌压境。面对这突然如潮而至的楚国大军，毫无准备的荀林父顿时慌了手脚，他急忙下令应战，两军就在（今河南省郑州东）混战起来。晋军将领不团结、指挥不统一、军队无斗志；而楚军则上下团结一致，一齐向前。战事开始不久，晋军即告溃退。晋军统帅荀林父更是手足无措，赶紧命令全军渡河躲避，并大呼：『先渡河者有赏！』这样一来，晋军更加混乱，中军、下军拥挤于河岸附近，纷纷

争船渡河。由于人多船少，没有上船的，则纷纷跳入河中，手扒船缘泅水，船只因此不能开行。而在船上的人急于脱逃，挥刀乱砍，断臂残指纷纷坠入河中。等到第二天一早，晋军渡河后，已经伤亡大半了。只有晋上军将领士会，因预先有准备，已在敖山设伏，则拒绝元帅敌前撤退命令而巍然不动，并给楚军公子婴齐部以沉重打击，后因当时敌情不便单独反攻，便指挥上军有秩序地向河北岸撤退。

楚军攻进了邲城，有人请楚庄王追上去，把晋人赶尽杀绝。楚庄王说：『楚国自从城濮之战以后，一直抬不起头来，这回打了胜仗，已经把以前的羞耻洗去了。晋国灭不了楚国，楚国也灭不了晋国。两个大国总得讲和，才是道理，何必多杀人呢？』也有人对楚庄王说：『把晋人的尸首堆起来，造成一座小山，一来可以留个纪念，二来也可以显显威风。』楚庄王听了，瞪着眼睛说：『偶然打个胜仗，有什么值得纪念的？再说杀人杀得多，也不是什么光彩的事，还表什么功？况且，我们用武力已经达到了目的，如果太夸耀武功就会使天下不安，这样怎么能达到安定国家、建立功业的目的呢？还是快点儿把尸首全埋了吧！』于是，楚军埋了晋军的尸首，并进入践土王宫，亲自祭河，筑楚先君宫殿，告捷凯旋。

晋、楚乃春秋时期两大诸侯国。晋国曾于城濮之战中大败楚军，做了诸侯的盟主，何以此战一败涂地呢？关键就在于晋国犯了一个兵家之大忌，《孙子》云：『胜兵先胜而后求战，败兵先战而后求胜。』晋国在战前没有认真分析敌我双方的客观条件，又不作认真的战前准备，只有凭感情用事，盲目地向已有充分准备的楚国发动战争，势必造成

战斗中的许多不利趋势。由此看来，晋国的失败也是意料之中的了。反观楚军，他们在战前已有充足的准备，并且分析到了晋军内部政令不一、矛盾重重的现实，因而制订了正确的作战方针。首先是骄敌，引诱晋军来战，战斗中又能把握战机，勇猛作战，由此观之，楚国胜利也是情理之中的事情了。